2020年度云南省哲学社会科学规划教育学项目"新时代云南体教融合发展的理念、方法及路径研究"（项目编号：AC20018）

中国大学生羽毛球锦标赛
商业化运作的理论与实践

向慧◎编著

上海交通大学出版社
SHANGHAI JIAO TONG UNIVERSITY PRESS

内容提要

本书共分为八章,第一章从国家政策、体育产业发展、高校羽毛球赛事、体教融合和高校羽毛球体育赛事产业五个方面全面介绍体育产业的相关社会背景;第二章解析和界定体育赛事、体育赛事品牌管理与培育、体育赛事市场运作相关概念;第三章从学校、企业、城市、产业、社会五个角度阐述高校体育赛事商业化运作的预期效益,以及对体教融合的实践推动;第四章对当前我国高校体育赛事的市场推广现状进行分析,并提出相应的优化路径;第五章对中国大学生篮球联赛(CUBA)、美国大学生体育联盟(NCAA)赛事运营进行分析,提出中国大学生羽毛球锦标赛商业运作的参考建议;第六章从赛事介绍、媒体推广、赞助、冠名、组织管理等方面分析当前中国大学生羽毛球锦标赛发展的基本情况;第七章从市场、赛事影响力、运营成本、赛事价值和人才培养的角度阐述中国大学生羽毛球锦标赛商业化运作的可行条件;第八章提出中国大学生羽毛球锦标赛商业化运作的优化路径。

本书可供高等院校及大专院校体育系相关专业学生使用,并为国内众多学生体育赛事提供参考。

图书在版编目(CIP)数据

中国大学生羽毛球锦标赛商业化运作的理论与实践/
向慧编著. 一上海:上海交通大学出版社,2024.4
　ISBN 978 - 7 - 313 - 26464 - 0

　Ⅰ.①中…　Ⅱ.①向…　Ⅲ.①羽毛球运动-经营管理
-中国-高等学校-教材　Ⅳ.①G847.2

　中国国家版本馆 CIP 数据核字(2024)第 073030 号

中国大学生羽毛球锦标赛商业化运作的理论与实践
ZHONGGUO DAXUESHENG YUMAOQIU JINBIAOSAI SHANGYEHUA YUNZUO DE
LILUN YU SHIJIAN

编　　著:向　慧
出版发行:上海交通大学出版社　　　　　　　地　　址:上海市番禺路 951 号
邮政编码:200030　　　　　　　　　　　　　电　　话:021 - 64071208
印　　制:苏州市古得堡数码印刷有限公司　　经　　销:全国新华书店
开　　本:710mm×1000mm　1/16　　　　　印　　张:13
字　　数:155 千字
版　　次:2024 年 4 月第 1 版　　　　　　　印　　次:2024 年 4 月第 1 次印刷
书　　号:ISBN 978 - 7 - 313 - 26464 - 0
定　　价:50.00 元

前　　言

　　改革开放以来,随着市场经济的不断发展,中国体育产业经历了从无到有的过程。伴随我国经济产业结构的调整和全民健身体育强国的建设,体育产业作为重要的朝阳产业,迎来了产业发展的大好时机。体育产业的渐渐兴起和持续发展,能够优化市场经济环境,逐步实现大众体育消费,助力经济发展。同时,体育产业以体育为大载体,在产业结构调整、绿色发展、体育强国、体教融合等方面十分契合新时期我国的绿色发展理念。如何有效发展我国的体育产业是现阶段应该关注的重点。高校体育产业是我国体育产业的重要组成部分,在体育产业迎来大好发展机会的现阶段,如何开发高校体育产业市场,对高校众多体育赛事进行市场推广、商业运作具有十分重要的现实意义。

　　依托大学体育赛事业务可以有力地带动整个国家和地区体育用品业、健身休闲业、竞赛表演业、场馆服务业、体育赞助业和体育彩票销售业等相关体育产业的发展。我国大学体育赛事参赛人数多、普及面广、影响力大,具有一定的商业开发价值。本教材从众多大学生体育赛事中选择中国大学生羽毛球锦标赛为案例对象,介绍目前中国大学生羽毛球锦标赛的实际情况,提出中国大学生羽毛球锦标赛市场商业运营的优化建议，期望以此为切入点，为国内众多学生体育赛事提供参考，加快国内学生体育赛事市场商业运营的步伐。同时，本教材采用具体案例详细分析的方式，从新闻传播、体育经济、体育产业、赛事管理、人才培养、学校体育等多个维度，逻辑完整地呈现中国大学生羽毛球锦标赛的微观情况，具有一定的案例价值。本教材主要适用于我国体育院系体育经济学专业、体育管理学专业、社会体育专业和体育产业发展有关的本科生教学，也可作为体育教育专业、休闲体育专业本科生教学的参考教材。

本书共分为八章，第一章从国家政策、体育产业发展、高校羽毛球赛事、体教融合和高校羽毛球体育赛事产业五个方面全面介绍体育产业的相关社会背景；第二章解析界定体育赛事、体育赛事品牌管理与培育、体育赛事市场运作相关概念；第三章从学校、企业、城市、产业、社会五个角度阐述高校体育赛事商业化运作的预期效益，以及对体教融合的实践推动；第四章对当前我国高校体育赛事的市场推广现状进行分析，并提出相应的优化路径；第五章对中国大学生篮球联赛（CUBA）、美国大学生体育联盟（NCAA）赛事运营进行分析，提出中国大学生羽毛球锦标赛商业运作的参考建议；第六章从赛事介绍、媒体推广、赞助、冠名、组织管理等方面分析当前中国大学生羽毛球锦标赛发展的基本情况；第七章从市场、赛事影响力、运营成本、赛事价值和人才培养的角度阐述中国大学生羽毛球锦标赛商业化运作的可行条件；第八章提出中国大学生羽毛球锦标赛商业化运作的优化路径。

本教材由向慧编著。在编写过程中笔者查阅了大量的书籍和文献资料，在此对相关文献资料的作者表示衷心的感谢。另外，中国大学生羽毛球锦标赛的市场商业运作属于交叉学科的理论范畴，涉及

的理论学科知识、学科方法比较广，加之作者水平有限，书中论述不
妥之处在所难免，恳请广大读者批评指正。

作　者

2024 年 3 月

目　录

第一章

绪　论

第一节 体育产业发展的相关政策

2014 年 9 月 2 日的国务院常务会议上,李克强总理要求体育赛事简政放权,取消群众性和商业性体育赛事的上报审批,采用放、管相结合的方式,放宽体育赛事的转播权限制,最大限度为企业"松绑";要求盘活、用好现有体育设施,积极推动体育设施向社会大众开放,在做好服务社会、服务群众的同时,提高体育产业的自我运营能力[1]。通过优化市场环境,支持体育企业成长壮大,让大众体育消费助力经济社会发展,以此实现体育产业的规模化、商业化、市场化运作。高校体育产业在我国体育产业中占有重要地位,作为一种朝阳产业和新兴产业,高校体育产业可以带动与高校相关的体育旅游、运动健康、健身培训等体育服务业,吸引大量劳动力,促进消费,拉动经济增长。如何开发高校体育赛事市场,是高校体育产业化发展面临的突出问题。因此,对高校体育赛事市场开发进行深入研究具有重要意义。

2008 年的北京奥运会、2011 年的深圳大运会、2010 年的广州亚运会、2014 年的南京青奥会、2019 年的武汉军运会、2022 年的北京冬奥会等世界大型体育赛事的成功举办,表明我国已经完全具备承办国际一流体育赛事的能力,充分彰显了我国的综合国力,凸显了我国在国际上的重要地位。2019 年国务院办公厅印发的《体育强国建设纲要》提出,到 2050 年全面建成社会主义现代化体育强国的战略目标,体育强国作为一项政府决策,为当前体育产业的发展指明了发展方向,带来了新的机遇和挑战。党的十九届五中全会提出到 2035 年建成体育强国,比《体育强国建设纲要》中的战略目标提前了 15 年。在新时代社会发展的特定环境下,我国体育产业的发展既面临着千载难逢的机遇,又面临着十分严峻的挑战。当前我国社会的主要矛盾是人民日益增长的美好生活需要和不平衡不充分的发展之间的矛盾,体育产业正在实现"提高发展质量和效益"为主的高质量发展,通过创新体育产业内容和运营形式,推进体育产业的升级优化,充分发挥体育产业在满足人民日益增长的美好生活需要方面的作用,提高人民生活的幸福感。因此,对我国体育赛事发展形势的研判、发展思路的谋划与实施路径的探索,对于推动体育产业的高质量、高影响力发展具有十分重要的现实意义。

体育承载着民族振兴、国家强盛的任务,与人民的健康生活、民族的未来发展息息相关。党的十八大以来,以习近平同志为核心的党中央全面推进体育文化、大众体育、体育产业等各个方面的发展,将体育的发展提高到关系我国经济社会发展、人民幸福生活实现的重要高度[2]。2018 年 12 月 11 日,国务院颁发了《关于加快发展体育竞赛表演产业的指导意见》,提出建设若干具有较大影响力的体育赛事城市和体育竞赛表演产业集聚区的体育产业发展目标。在国家宏观层面的政策导向和调控下,各地政府纷纷响应,成都、上海、西安等城市相应发布了建设体育赛事名城、国际体育城市、体育精品赛事等目标,通过这一系列措施,将有力推动体育产业成为社会经济持续发展的重要支撑之一。对体育赛事的市场运作、体育赛事的品牌塑造进行研究,将为体育产业的发展提供科研基础和理论来源,将有利于体育产业长期、稳定、持续、健康的发展。

第二节　体育产业发展的现实情况

通过学校体育赛事的宣传带动,可以很好地促进学校体育文化和校园文化的建设。同时,由于体育比赛本身具有观赏性、挑战性、抱团性和集中性,可以很好地将观众凝聚在一起,增强集体活力,增强学校的体育氛围。对于学生来说,学校体育赛事可以使他们很好地进行自我释放,有效地增强学生整体的体质健康水平。对于学校来说,学校体育赛事具有一定的社会关注度,在一定程度上能够提高学校在社会大众中的知名度和影响力。目前,部分学校的体育设施短缺和陈旧,大多数体育场馆、体育设施已经无法满足学生的日常体育锻炼需求,购置和改善体育设施是大部分学校都感到非常棘手的问题。学校可以通过多种方式拓宽体育经费来源,对硬件设施进行不断更新,使其发挥最稳定的作用。近年来学校招生人数不断扩大,对于各类企业来说,广大在校学生就是一个十分庞大的消费群体。在学校组织体育赛事的同时,企业可以作为赞助商通过运动会最快速地营销自己的产品。从某种程度上来说,企业和学校通过学校体育赛事的联合共营,能够很好地获得各自相关的利益[3]。

在大学体育产业、竞技体育产业比较发达的国家,通过体育项目可以有力地带动整个国家和地区的体育相关产业,如体育用品业、健身休闲业、竞赛表演业、场馆服务业、体育赞助业和体育彩票销售业等。在体育产业发达的国家,体育产业占GDP的3%左右,我国体育产业仅占GDP的0.3%左右[4]。这一数据说明,我国的体育产业经济较为落后,同时也说明我国的体育产业发展前景十分广阔。2010

年,国务院下发《关于加快发展体育产业的指导意见》,要求加快发展体育产业,拓展体育发展空间,丰富群众体育生活,培养体育人才,提高全民族身体素质、生活质量和竞技体育水平,促进我国由体育大国向体育强国转变。在这样的国内外环境下,我国高校体育的快速发展将是必然趋势,作为体育产业重要组成部分的大学体育产业发展空间巨大、前景广阔。

2009 年,由国内外专业团队投资开发的国内首家专注高校体育品牌投资和管理的创新型企业——新体汇体育有限公司(Teamworld Sports Ltd)提出了高校体育"品牌化、产业化和社会化发展战略",这是当前国情和体制下,对高校体育产业的大胆探索和尝试[4]。该公司免费为高校研究规划体育布局、设计开发体育品牌,免费帮助高校体育品牌申办注册商标,提供全面的体育品牌推广和管理服务。新体汇体育有限公司初步实现了高校体育品牌和商品从无到有的突破和尝试,从最初只为在校师生服务的体育品牌,逐步开发出受到校友、社会体育爱好者和广大消费者喜爱的体育商品。新体汇体育有限公司在高校设立新体汇创意创业中心,成为对外展示其体育创意、经营管理等内容的平台。新体汇体育有限公司提出了以服务全国在校大学生及其社区为宗旨,整合各方面体育资源,打造高校体育赛事品牌,开发体育商品,管理全国知名高校品牌,建立连锁网点的发展计划。新体汇体育有限公司的发展模式简单来说,就是以"企业投资、学校授权、学生经营、产学结合"的方式运营高校体育赛事。2010年广州大学在新体汇体育有限公司的协助下,初步实现了大学体育的品牌化、产业化,随后广东外语外贸大学、广东省机械技师学院、韶关大学和广东交通职业技术学院等多所高校陆续开始在新体汇体育有限公司的协助下打造本校的体育品牌[4]。

第三节　高校羽毛球赛事的发展诉求

在北京奥运会上,中国体育代表队获得的金牌数目超过美国而成为第一,标志着我国竞技体育的发展达到了新的高度。北京奥运会的成功召开,离不开政府的支持以及各部门和单位的通力合作,奥运会的成功举办,也标志着我国体育产业进入了新的发展阶段[5]。一次大型体育赛事的成功举办需要足够的外界条件,比如充足的物力、人力、财力,以及各级职能部门的综合协调,才能拥有一场震撼世界的视觉盛宴。北京奥运会后,以金牌数目为目标的竞技体育管理体制逐步改革,伴随着体教融合的进一步推进,赛事管理权的逐步下放,体育赛事运作的市场化、商业化逐步实现,极大地推动了我国竞技体育的发展,加快了竞技体育走向商业化市场的步伐,体育发展与市场经济的双赢格局正在逐步构建。

与竞技体育商业化、市场化推广比较成熟的美国相比,我国竞技体育商业化运作的背景条件,比如雄厚的经济实力、浓厚的体育氛围、职业化的体育赛事、规范的法律约束等都不是特别成熟。我国竞技体育的产业化道路开始得比较晚,但是,目前中国足球俱乐部超级联赛、中国乒乓球俱乐部超级联赛、中国男子篮球职业联赛(China Basketball Association),简称中职篮(CBA)等市场化和商业化的成功运作,表明了我国竞技体育产业化的基本条件已经具备,国内大型体育赛事的商业市场前景十分广阔。此外,我国大学生的体育赛事比较多,比如中国大学生篮球联赛(China University Basketball Association,简称 CUBA)、中国大学生排球联赛(China University

Volleyball Association，简称 CUVA）、中国大学生足球联赛（China University Football Association，简称 CUFA）、全国大学生武术比赛、全国大学生运动会、全国大学生健美操比赛等，参赛人数众多，普及面很广，在高校的影响力比较大，这些全国性的大学生体育赛事具有一定的商业开发价值。大学生作为未来市场经济的青年消费群体，消费潜力巨大。据《中国社会科学网》提供的数据，2017 年，全国高等教育总招生超过 700 万人，高等教育在校生总规模达 3 699 万人，占世界高等教育总规模的五分之一。2018 年，全国普通高校毕业生达 820 万人，2021 年接近 900 万人。庞大的大学生人数规模，大学生各种体育赛事的普及和推广，为我国大学生体育赛事的市场开发提供了十分有利的外部环境，中国大学生体育赛事的商业市场前景整体比较可观。

借鉴国内市场化运作良好的三大俱乐部超级联赛，2009 年中国羽毛球协会推出中国羽毛球俱乐部超级联赛，这项羽毛球运动产业的尝试在一定程度上加快了我国羽毛球运动的商业化和市场化进度，带动了羽毛球运动在我国的普及和全面发展。目前，中国大学生体育协会羽毛球分会举办过的并具有一定水平和参与面的全国羽毛球赛事主要有中国大学生羽毛球锦标赛（丙组、丁组）、全国大学生羽毛球超级赛、全国大学生羽毛球精英赛等比赛。其中办赛历史悠久、赛制比较健全、定期有序开展的当属中国大学生羽毛球锦标赛，截至 2023 年共举办了二十五届中国大学生羽毛球锦标赛，并且参赛人数、参赛学校都在不断增加，赛事规模也在逐渐扩大，中国大学生羽毛球协会（简称大羽协）的会员高校也在不断增加。从中国大学生羽毛球锦标赛的发展历程、赛事影响力等方面来看，目前中国大学生羽毛球锦标赛明显落后于 CUBA、CUVA、CUFA 等大学生联赛。因此，从中国大学生羽毛球锦标赛的竞赛体系、竞赛组织、竞赛办法、赛事资金、竞技水平、比赛规模、市场条件和影响因素等方面着手,对我国的大学生羽毛球锦标赛进行研究,对推动羽毛球运动的普及和发展具有一定的意义,有利于扩大羽毛球运动在社会和高校的影响,同时可以为中国大学生羽毛球锦标赛的赛事品牌培育以及后期的商业化推广做好铺垫。

第四节　实现体教融合目标的可行路径

2020 年 4 月 27 日,中央全面深化改革委员会第十三次会议审议通过《关于深化体教融合促进青少年健康发展的意见》(下文简称《意见》),会议指出:"深化体教融合促进青少年健康发展,要树立健康第一的教育理念,推动青少年文化学习和体育锻炼协调发展,加强学校体育工作,完善青少年体育赛事体系,帮助学生在体育锻炼中享受乐趣、增强体质、健全人格、锻炼意志,培养德智体美劳全面发展的社会主义建设者和接班人。"[6]《意见》提出,加强学校体育工作、完善青少年体育赛事体系、加强体育传统特色学校和高校高水平运动队建设、深化体校改革、大力培养体育教师和教练员队伍、强化政策保障、加强组织实施等方面的措施细则[7]。学校体育教学的改革和发展要围绕"教会、勤练、常赛"来开展和推进。"赛"就是学校、教体部门组织开展全员参与的体育竞赛活动,无赛不成体育[8]。目前学校体育普遍存在重小学、轻中学,大、中、小学之间缺乏连贯的体育品牌赛事体系。全国政协委员、我国冬奥会首金得主杨扬在 2019 年 3 月全国政协十三届二次会议小组讨论时提出:大学、中学应与小学衔接,建立完善连贯的各项目体育赛事体系;学校要建立体育项目社团、俱乐部、校队和各类体育项目联赛的制度和体系;教育部门需要与体育部门通力合作,联手举办更多的校园体育赛事。在 2020 年 5 月"全国两会"上,全国政协委员、中国篮球协会主席姚明在题为《体教融合不能忽视人格塑造》的发言中建议:扩大校内、校际体育比赛覆盖面和参与度。由此可见,深化体教融合、促进青少年健康发展,需要完善的学校体育赛事体系作为支撑[8]。对学校体育赛事的品牌价值进行培育、市场经济价值进行开发、赛事体系进行完善,让学生在参加体育竞赛时把核心价值锁定于超越自我、追求卓越。学校将建构教育系统和体育系统功能价值有机结合,适应体育和教育发展规律要求,实现立德树人根本任务。对体育赛事进行商业化运作的可行性研究,将明显扩大学校开展体育工作的财政来源,推动综合性全国学生运动会以及全国小学、初中、高中、大学四级学校体育赛事体系与专业竞技体育竞赛体系有机衔接,最终实现体育强国。

第五节　高校羽毛球体育赛事产业发展的研究动态

一、体育赛事市场化的研究现状

以体育赛事市场化为主题词,搜索相关文献资料,发现 2012—2022 年这十年间,有关体育赛事市场推广、营销模式方面的研究基本处于稳定状态,总体发文量不多,大部分的研究偏属于基础研究;研究成果比较多的国内学者主要有王勇、赵青、杨铁黎、郑杰政、汪明旗、钱文军、王格等;研究方法多采用文献分析法、统计法、实地调查法、访谈法、问卷调查法,其中文献资料法运用得比较多;研究开展比较集中在西南政法大学、上海体育学院、清华大学、首都体育学院、北京体育大学、华东交通大学等研究机构;课题研究的项目级别和研究水平比较高,有入选国家社会科学基金、国家级大学生创新创业训练计划、山东省软科学研究计划、上海市重点学科建设项目、江苏省教育厅高等学校哲学社会科学研究专题项目等项目。

二、高校体育赛事市场化的研究现状

当前高校体育赛事市场化的研究成果主要体现在两个方面:一个是针对国内大环境的体育赛事市场化的研究;另一个是以具体单位或省份为对象,采用具体案例分析的方法,提出针对性的体育赛事市场化策略。另外,单独针对体育赛事社会经济效益的研究不是很多,在体育赛事市场化、商业化和赛事品牌建设的研究领域中,部分学者对此方面的研究有简单涉及。

高校体育赛事营销与赞助的研究主要从两个方面进行,一个是以宏观的角度,从总体上阐述和研究体育赛事的开发模式、营销策略,从整体宏观的层面上为体育赛事的营销与赞助提供参考意见;另一个是采用案例分析的研究方法,以具体学校为例,研究分析案例学校的具体情况,针对性提出建议。当前这两个不同角度的高校体育赛事营销方面的研究比较一致的观点是我国高校体育赛事赞助发展前景比较广阔,高校体育赛事赞助可以实现学校与赞助商的互利共赢。

"十三五"期间,国家、省、市密集出台相关通知、意见,聚焦体育品牌赛事,强调以体育品牌赛事为体育产业的核心,推进体育产业高质量发展和体育强国国家战略的实施。从文献的发文年代我们也可以看出,伴随国家一系列政策的支持,近几年体育赛事品牌、体育产业方面的内容逐渐受到重视,研究成果逐步增加。

三、羽毛球运动的科研现状

通过对国内公开发表的《北京体育大学学报》《成都体育学院学报》《广州体育学院学报》《上海体育学院学报》《沈阳体育学院学报》《首都体育学院学报》《体育科学》《体育文化导刊》《体育学刊》《体育与科学》《天津体育学院学报》《武汉体育学院学报》《西安体育学院学报》《中国体育科技》等中文体育类核心期刊里面有关羽毛球运动的科研论文进行整理和分析,总结当前羽毛球运动的科研现状,有关羽毛球运动的研究主要包括以下几个方面。

1. 羽毛球运动的科研论文数量及年代分布情况

2005 年以前国内学者对羽毛球运动的研究关注比较少,2005 年左右研究关注的热度逐渐增加,2006 年到 2011 年的波动幅度不大,有相关学者持续关注,2011 年之后,随着国家相关体育政策的导向作用,国内学者对羽毛球大众健身、技战术的发展关注增加。我国羽毛球运动有着很强的竞技水平和大众体育开展的社会环境,就论文数量来说,羽毛球运动相关的科研论文数量是值得肯定的;就科研水平来说,羽毛球运动相关的科研都有待提高,研究领域有点狭窄,研究深度还需进一步挖掘。从体育类核心期刊的发文量来统计分析,《北京体育大学学报》《广州体育学院学报》《沈阳体育学院学报》《中国体育科技》这五本期刊对羽毛球运动的关注度略高,这从侧面可以说明我国羽毛球运动方面的科研内容不丰富,具有不平衡性,羽毛球运动的高水平科研论文比较少。

2. 羽毛球运动的主要研究内容分析

当前羽毛球运动研究热度比较高的内容主要集中在羽毛球教学方法和理论、羽毛球技战术训练、羽毛球运动员生理生化指标、羽毛球相关产业、羽毛球运动损伤防治、羽毛球竞技人才培养、羽毛球技术动作生物力学分析等方面。从中我们可以发现,首先羽毛球研究热度比较集中的是关于羽毛球技战术训练方面的内容,表现出与国内外高水平羽毛球比赛、羽毛球教学与训练的关系结合比较紧密的特点,这对羽毛球竞技水平和教学水平的提高有明显的促进作用。其次集中在羽毛球教学方法与理论、羽毛球相关产业、羽毛球竞赛训练、羽毛球运动员生理生化指标等方面的研究。总体来说,国内学者对羽毛球运动的研究侧重在竞技和教学方面,其他方面的研究关注相对来说比较少,特别是多学科交叉的研究。此外,对羽毛球运动相关体育产业的研究近年来虽然呈现上升趋势,但形式较为单一。

3. 羽毛球运动科研成果分析

羽毛球科研成果主要是围绕当前的研究内容而形成的,主要体现在羽毛球技战术训练方面、羽毛球裁判规则演变方面、羽毛球教学及理论方面、羽毛球运动员生理生化指标方面。羽毛球技战术训练方面的研究成果主要体现在技术风格发展演变、规则变化、项目制胜规律、竞技水平的全球发展等方面;羽毛球教学及理论方面的研究成果主要是针对不同教学内容和对象,辩证看待各种教学方法、训练方法的有效性和局限性,以及羽毛球运动的现状发展;羽毛球运动员生理生化指标方面的研究成果主要是对羽毛球运动员的技战术力学特点、技术动作的生理指标和力学指标、运动量监测等进行实验性的研究,可以为羽毛球的教学和训练开展提供生理生化指标参考意见。

4. 羽毛球运动科研领域的职称分析

统计分析近十年的羽毛球科研论文,发现羽毛球运动相关研究的作者以讲师和副教授为主,大约可以达到 75% 的比例,中青年教师学者是羽毛球科研的主要群体,其次是研究生群体,发表的论文比例约为 17%。从年龄上来看,羽毛球运动科研的开展,后备群体有明显的年龄优势,整体发展势头比较好。

四、羽毛球运动商业化运作的研究现状

羽毛球产业相关的研究内容主要有羽毛球比赛的运营管理、羽毛球消费市场、羽毛球的数字化发展,这与羽毛球运动的市场化、商业化运作有交叉重叠部分,但侧重点和侧重内容不同。主要表现为羽毛球比赛的运营管理倾向于以具体某一大型羽毛球赛事为特例,研究分析具体赛事的运营模式;羽毛球消费市场的研究比较关注大型羽毛球赛事对举办城市体育赛事体系的完善、羽毛球运动的发展等方面的带动作用;羽毛球产业的数字化发展目前局限于羽毛球运动的教培行业,提出利用信息技术平台搭建学训平台。此外,也有一些针对羽毛球运动单一方面的产业研究,但比较分散。羽毛球运动的市场化、商业化运作涉及羽毛球赛事体系、羽毛球教培、羽毛球器材、羽毛球运动发展等多方面内容,是一个庞大、整体、链条式的产业发展。从宏观上讲,目前国内针对整个羽毛球运动的产业发展、赛事运营、品牌培育等方面展开系统、整体的研究还比较少。

第二章

体育产业相关概念

第一节 体育赛事

根据现有的学术成果分析,对体育赛事的界定有不同层面的解读,大致可分为两种:一种是从体育学的角度进行界定;另一种是从经济学的视角进行解释[9]。

一、体育学角度的界定

最初认识体育赛事使用的是运动竞赛或体育竞赛相关的表述,运动竞赛是人类的一种有明确的目的性、有鲜明的竞技特征、有完善的规则和一整套竞赛办法及决定竞赛胜负法律依据的实践活动,它是一个特殊的过程[9]。运动竞赛或体育竞赛指按统一的规则要求,由裁判员主持、组织与实施的运动员个体或运动队之间的竞技较量,竞技者、竞技目标、竞技场、竞技规则、竞技裁判是它的五大构成要素[10]。这几种关于运动竞赛的定义强调的是赛场意义上的比赛,参与者的主要目的是取得比赛的胜利或较好的名次。此后,国内专家学者从事件管理的角度来解释体育赛事,指出体育赛事的三大本质属性是比赛、运动和事件,体育赛事的八大构成要素是比赛项目、竞技者、裁判员、组织者、赛场、技战术、举办时间和举办地点,并由此得出体育赛事的定义:体育赛事是以人体运动为载体,用比赛决定胜负,最终给出排名的事件[11]。然而这种定义并未突破赛场上比赛的范围,以上定义的思维基点在于计划经济时代,举国体制下的体育赛事完全依靠行政手段配置资源,发展体育赛事是为了提高体育排名、打造体育强国,体育赛事多为政治服务,其经济功能往往被弱化[11]。

二、经济学视角的解释

经济学视角下体育赛事的解释沿袭了体育赛事的事件本质属性。体育赛事是一种具有项目管理性的特殊事件,其规模和形式受规则、习俗和传统影响,具有组织文化背景和市场潜力,提供竞赛产品和相关服务,迎合不同参与体分享经历的需要,对社会、文化、自然、环境、政治、旅游和经济各个领域产生冲击影响,能够产生显著的社会效益、经济效益和综合效益。[12]还有专家学者指出体育赛事是以人体运动为载体,用比赛决定胜负,最终给出公开排名,存在参与主体自主调节资源配置的事件,或者简单讲存在或可能以交易来进行资源配置的体育赛事。体育赛事的本质属性应该扩展为五个:运动、比赛、表演、交易和事件。其中竞赛表演服务是体育赛事的核心和基础性的产品,交易是它的资源配置方式[13]。当然,并非所有学者都将体育赛事看成是事件,也有学者将其看成是一项特殊活动。如王子朴、杨铁黎认为:体育赛事是具有市场营销、项目管理、组织文化等背景特征,受运动项目、竞赛规则以及社会经济等多种因素制约,能够提供体育竞赛产品和相关服务产品,以满足体育消费者多种需求的特殊活动。然而,无论将体育赛事看成是事件还是活动,它作为一种经济现象,其核心内涵始终是"提供竞赛产品",其参与主体至少有一个目的就是获取经济收入。因此,我们可以发现在社会主义市场经济体制逐步建立的社会经济大背景下,人们对体育赛事的认识较之以前发生了根本性的变化。体育赛事不再只局限于在赛场上比赛,它更是一项具有生产性质的经济活动,体育赛事的商业属性与价值,也开始进入人们的视野并逐渐受到关注[14]。

第二节　体育赛事品牌管理与培育

自 20 世纪 80 年代以来,品牌蕴含的内在价值逐渐凸显,被广泛认为是"世界上第一大商业资产",在市场经济的不断完善下,品牌管理理论逐渐形成并发展。

美国市场营销协会(AMA)将品牌定义为一个"名称、专有名词、标记、符号、设计,或是上述元素的组合,用于区别一个销售商或销售商群体的商品与服务,并且使它们与竞争者的商品与服务区分开来"。而最新的研究认为:品牌是由名称、标志、象征物、包装、口号、音乐或其组合等一些区隔竞争的符号,而联想到的基于价值的消费者与组织或个人之间的关系及其所带来的无形资产。这个概念包含了组织视角的无形资产、区隔符号以及消费者视角的联想、价值、关系,是品牌概念的升华[14]。国际品牌大师凯勒教授认为,有形商品、服务、组织、体育与人等一切都可以品牌化。显然,体育赛事可以成为品牌,并为消费者提供相应的价值与服务。

品牌管理是指品牌管理者为培育品牌资产而展开的以消费者为中心的规划、传播、提升和评估等一系列战略决策和策略执行活动。因此,体育赛事品牌管理的责任主体是赛事的举办方;其目的是培育赛事品牌的资产,包含品牌知名度、品牌忠诚度与品牌联想和其他资产;管理的中心是赛事活动的受众即消费者,主要包括现场与电视广播网络的观众与听众;管理的内容主要包括赛事品牌规划、品牌传播、品牌提升和品牌评估等。品牌建设可分为创建期与维护期,其中创建期主要包括品牌名称、品牌定位、品牌识别、品牌核心价值等内容的设定以及品牌的传播活动；维护期包括品牌延伸和品牌资产评估等。有研究认为：体育赛事品牌建设主要包括品牌识别、品牌定位、品牌核心价值的确定及品牌传播四个方面。品牌建设时期是成熟品牌的初级阶段，而品牌管理是品牌创建后对其进行系统规划的过程[15]。

第三节　体育赛事市场运作

体育赛事市场化运作是指以竞技体育为主体的各类体育竞赛运动，以竞技体育本身所具有的娱乐性、观赏性、竞技性所带来的享受与刺激为主要产品，采取商业化、市场化的运作方式，以成熟的商业模式为主要运作手段，以平衡各方面利益，获取最大利润作为推动和发展体育运动的杠杆，达到竞技体育与市场经济互利互惠的一种体育运动的发展模式[16]。

一、体育赛事市场化的本质认识

从市场经济的角度来认识体育赛事活动的市场化运作，可以理解为体育赛事的市场化运作是一个商品交换的过程。其本质就是运动会组织者作为体育商品服务的生产者，组织运动员进行高水平竞技体育表演，通过采用各种营销方法和手段，对体育比赛的体育服务产品和无形资产进行营销活动，使体育赛事的观赏价值和商业媒介价值通过市场实现其商品价值的过程，这一过程也是运动会组织者为公众提供一种具有特殊观赏价值的体育商品服务[17]。体育赛事的前期筹备、后期举办、现场比赛过程涉及社会生活的许多方面，体育精神的自由、无畏、超越等无可替代,现场比赛的参与、体验和振奋等竞技体育中所蕴含的体育因素都会引起社会的普遍关注和重视。因此,体育赛事服务与其他经济服务商品有着区别明显的独特魅力和特定优势,在市场运作的过程中拥有巨大的无形资产,具有极高的商业价值[18]。在体育赛事的市场运作中,其商业媒介价值的主要实现渠道如下:出售门票,出售比赛电视转播权,出售比赛冠名权,发行具有捐资面值的纪念邮票和纪念币,发行体育彩票,征收赛场内外各种形式的广告费,征收印有运动会名称、会徽、吉祥物、标志商品的专利费,征收赛场界定区域从事经营活动的场所租让费和由于赛事而增加利润的专利费,比赛指定器材、用品的特许费,各种保险的利润分成,接受财团、企业、个人的捐赠与赞助,等等。

二、体育赛事市场化的基本特征

体育赛事的市场化实现是以体育赛事的观赏价值为基础,以体育赛事的市场价值实现为判断标准,因此,体育赛事的观赏价值与市场价值是相互联系的,并且体育赛事的观赏价值是由市场决定的,不以体育赛事组织者的意志为转移,从而促使体育赛事的组织者会尽可能提供高质量的体育赛事服务产品,实现所组织的体育赛事的市场化取得预期经济效益。所以,体育赛事存在市场化、商业化兑现的可行性是因为体育赛事具有观赏价值的基础特性,它决定了体育赛事的市场价值能否实现以及实现程度的高低,体育赛事组织者也围绕这一特性而尽力保证赛事水平和观赏价值。

体育赛事的每一场比赛都具有唯一性、不可复制性,因此每一场体育比赛都是一个独特的体育服务产品,每一场体育比赛的"生产过程"都是全新的。这对体育消费群体来说具有很大的吸引力,同时使得体育服务产品在同一赛事组织的"生产过程"中有很多种可能的观赏体验。因此,每一场大型体育赛事都隐藏着巨大的商业价值,容易实现预期的商业经济价值兑换。同时,体育赛事具有很强的时效性,体育赛事的生产与消费具有同时性、现场性、即逝性等特点[19]。享受体育赛事的市场商业服务时,消费者必须是在特定比赛时间段内,与体育赛事的竞技参与者同时参与比赛,在比赛现场实践体验竞技体育,享受视觉盛宴。体育赛事的即逝性要求体育赛事的经营开发者必须及早对体育赛事的市场开发进行前期策划和准备,最大限度地挖掘体育赛事的商业价值,转化为体育服务产品输出。因此,体育赛事的有形和无形资产如门票、广告发布权、竞赛冠名权、各类标志的特许使用权、电视转播权、场所租让权等也必须在特定的时间段内,尽可能实现最大程度的经济价值。

体育赛事的商业产品价格具有一种不确定性。在体育赛事的市场化、商业化过程中,体育赛事的经济价值兑现主要依靠它所衍生出来的一些有形服务产品和无形资产,并且有形服务产品和无形资产之间往往有着某种隐藏的影响关系,因为其价格往往受到诸多因素的影响,所以体育赛事的产品价格往往具有较大的不确定性。体育赛事运营者必须对体育赛事自身的商业价值有清晰的认识,才能预判市场反应,从而实现体育赛事商业价值的最大化兑现。

三、大学生体育赛事市场化的内容实施

大学生体育赛事的市场化发展离不开相关部门和各级单位的联合组织和市场策划。目前,中国大学生体育协会为了把大学生的各类体育赛事推向市场,结合我国大学生体育赛事的实际情况,策划了符合市场需求的各项大学生体育赛事的推广方案,促进了大学生体育赛事市场化的进一步发展。具体的市场化、商业化推广策划过程大致可分为以下实施步骤。

第一，介绍相关大学生体育赛事的发展背景、已有赛事的规模情况、观众反馈和赛事的具体赛制规则。

第二，宣讲企业赞助比赛的意义。征集体育赛事可能意向的企业、商家，向其介绍赛事的相关背景和情况，宣讲企业赞助比赛的权益和意义。比如借助学校体育赛事的公信力，扩大赞助商的公众影响力，通过比赛可以集中有力地宣传企业文化，为其提供强大、便利、有效的广告支持，使企业可以全方位地展现企业优势，企业形象得到充分提升，同时有利于促进企业、社会与学校之间的交流沟通，达到双赢的合作效果。

第三，确认具体项目赛事的相关事宜。内容主要包括确认赛事的批准单位、主办单位、承办单位、协办单位、赞助单位、比赛时间和比赛地点。根据比赛的规模及赛制详细规定，初步列出该赛事所需要的几类主要经费预算，比如竞赛费用、比赛推广费用及比赛组织和管理费用。

第四，策划体育赛事的商业推广方案。体育赛事的商业推广方案可以分为大学生体育赛事的商业推广计划和商家企业的商业推广计划两部分。大学生体育赛事的商业推广计划，主要是举办体育赛事的学校、政府等联合知名企业、商家发挥媒体优势，利用媒体的全方位、立体式的信息传达，宣传和组织体育赛事的前期报名和准备，以及后期的赛事传播和开展。商家企业的商业推广计划主要是体育赛事的赞助方以体育赛事为依托，进行企业形象宣传，从而扩大企业的知名度，增加社会影响力，建立良好的企业形象。大学生体育赛事的商业推广计划和商家企业的商业推广计划需要通过企业支持和学校协助才能得以实现。

第五，明确体育赛事赞助商的相关权益。明确企业、商家等不同赞助商的不同赛事权益，根据其赞助参与的金额及赞助持续性，细化各赞助商的权益。比如赛事的冠名权,冠名商在赛事举办城市及比赛场地有悬挂冠名横幅的权利;赛事的荣誉赞助权,荣誉赞助商在体育赛事过程中的各个环节有广告使用权;赛事的企业商品经营权,赞助商可在比赛相关区域内设置企业展示台,进行产品销售;赞助商有出席比赛的开幕式、闭幕式并致辞,宣讲企业发展的权利,并可在闭幕式中为获奖队伍颁奖,以及协商同意的其他活动和内容。此外,赞助商还可拥有比赛场地广告、比赛用品广告、比赛会场广告等相关权益。

第六,预期的赞助商产业回报。体育赛事积极向上的正能量传递,学校教育的公信力榜样,体育竞赛自身的超越自我、敢于挑战的赛事能量爆发,赞助商对体育赛事进行的一系列宣传,都可以无形中对赞助商的产品、品牌、社会形象进行很好的提升,帮助企业建立良好的形象,同时扩大企业在学生中、在社会上的影响。一年一度的赛事循环,可以为赞助商形成一个长期的宣传效应,促使赞助商与学生、社会之间建立起牢固的感情纽带,赞助商再利用多种媒体进行广泛的宣传,既可以达到很好的广告覆盖效应,满足企业全方位向更多消费者展示自己的需求,同时,也可以帮助学校体育赛事进入商业化、市场化的运作过程,实现学校和赞助企业双方的利益共赢。

第三章

高校体育赛事商业化
运作的预期效益

第一节 高校体育赛事商业化运作的 预期学校效益

一、丰富高校体育开展的资金来源

高校体育教学与活动的开展是以大量的体育基础设施为基本条件的,一定量的体育活动资金投入,才能保障学校体育活动的正常开展。在学校体育活动开展中,教学培训、赛事筹备、体育器材维护、项目开展等相关体育活动,都需要不断的资金补给。目前,我国高校体育的开展大部分依靠政府财务拨款,拨款数额有限,而高校体育赛事的市场推广过程则需要大量持续不断的资金补足。高校体育赛事的市场化发展,在一定程度上能够吸引部分企业、赞助商的投资,为学校体育和竞技体育的开展提供有利的外界条件。高校体育赛事市场化运行,在获得赞助商支持、广告费用、财务拨款等既得经济利益时,还可以用低消费的门票吸引群众观摩,带来无形的社会舆论效益。另外,高校体育赛事的举办可以为学校建设体育设施等硬件提供支持[20]。例如我国大学生运动会、大学生锦标赛、大学生篮球联赛等高校体育赛事,为承办比赛的学校带来了巨大的收益,不仅获得了硬件建设支持,同时也收获了社会关注度。

二、推进高校体育工作的机制改革

在当前高校体育工作体制的改革和发展中,学校体育工作面临财政拨款和资金补给有限的发展障碍,高校可以加大对社会资源的引进,争取更多外界环境的支持。通过引进公司企业、社团组织、协会俱乐部等社会力量实现资源整合、联合共赢,社会力量参与高校大型体育赛事的举办,直接扩充高校体育赛事的资金来源,同时社会力量参与高校体育工作,将为高校体育赛事管理带来体制改革和创新发展。在现有条件下,高校可以充分发挥自身优势和办学特点,利用企业的商业性特点和高校的公益性特点将校与企进行很好的融合,通过双赢获得社会资金的支持。高校体育教育工作机制的改革创新,伴随市场经济的不断渗透和体育赛事市场化的不断演进,都将对整个体育赛事活动的举办和发展慢慢产生巨大影响,企校合作将逐步成为当前高校体育赛事市场化发展的重要选择[19]。高校体育赛事市场化发展获得的资金支持,可以逐步增加各大高校体育工作的整体资金投入,构建更加完善的运动员成长环境,形成更加浓郁的校园体育氛围,提升高校体育运动影响力。

三、丰富校园体育文化生活

高校体育赛事的举办,可以很好地促进校园体育文化和校园文化的建设。体育赛事具有抱团性、集中性、观赏性、刺激性等特质,可以很好地将观众凝聚在一起,增强学校的集体活力和凝聚力。通过高校体育赛事的平台,在校大学生自我鲜明的个性特点能够很好地得到释放和展示,不同高校的学生能够进行情感上的友谊交流、技术上的切磋提高。高校体育赛事的赛事辐射对承办高校、承办区域、承办省份有很好的体育氛围带动作用,承办高校的学生足不出户就可以近距离亲身感受中国大学生青春洋溢的体育精神和赛事魅力,激发学生自我的体育参与热情,有效地提高承办高校、承办区域、承办省份学生的体质健康水平。

四、扩大高校的社会影响力

高校体育赛事由于其特殊的公益教育服务特点,其自身带有一定的社会关注度和热度,特别是在学校群体范围内。在体育赛事承办高校中,高校通过学生运动员、教练员等传播媒介口口相传,借助朋友圈、微博、官网等各种软件和平台进行前期赛事宣传造势和中期赛事实况直播。承办高校借助赛事宣传渠道可以同步宣传本学校的办学历史、办学特色、办学优势和规划发展,形成对学校的良好社会口碑。高校体育赛事的商业化更能扩大社会关注、媒体关注。以高校体育赛事为宣传窗口,社会媒体对高校体育赛事的报道,能够极大地扩大学校在社会大众中的知名度和影响力。

第二节　高校体育赛事商业化运作的预期企业效益

一、快速树立良好的企业品牌形象

我国高校体育赛事的市场化开发,可以为企业、赞助商提供有利的商机,在短时间内有效、快速地加大品牌宣传度,特别是体育运动品牌,因为体育运动品牌与高校体育赛事存在强相关,体育运动品牌在体育赛事上可以得到非常大的推广、宣传。另外,体育赛事的电视广告与其他类型广告相比,有突出的传播效率优势,据相关文献报道,体育赛事电视广告的宣传力度上可以达到普通广告的 6～8 倍,在营销业绩上是普通广告的 10 倍左右,这些传播效率、营销业绩优势是其他传统广告无法比拟的,这个数据充分说明了体育赛事具有快速、有效加强企业品牌宣传度的强大作用[20]。市场营销的出发点是社会需求、消费需求,市场发展依照社会消费需求进行市场营销。在市场经济迅速发展的当代社会,人们日常消费对品牌的认可度越来越强烈,高校体育赛事品牌是一个日趋成熟、发展潜力巨大的体育产业品牌,高校大型体育赛事可以逐渐成为企业品牌高效营销平台。企业可以抓住高校大学生这一消费群体,通过赞助大型高校体育赛事,让赛事参与者和观众在赛事过程中产生愉悦的体验,赛事体验与赛事赞助的互利共赢可以帮助企业快速、有效地树立良好的品牌形象和企业形象,从而获得更多的企业营销收益。

二、培养高校潜在消费群体

人口红利,国家教育强国的政策导向,人才对社会发展的贡献日渐凸显,外在的社会因素促使高校在校学生人数日渐攀升,中国高等教育也进入顶峰发展,广大的在校学生是一个十分庞大的消费群体,是将来进入市场经济的重点消费人群。同时,高校大学生不仅数量庞大,而且没有完全进入社会,对企业、商品等事物的品牌概念、品牌形象等只有模糊意识。在高校体育赛事市场化、商业化的操作过程中,企业和赞助商可以很好地利用高校体育赛事机会,通过提供比赛赞助获得体育比赛过程中各种广告权、经营权、冠名权等权利,使企业品牌、企业形象很好地与高校体育赛事融合发展,给高校大学生留下很好的印象与好感,设置商品展台,加强宣传力度,通过体育赛事快速地展示、营销品牌商品。高校大学生是未来社会发展的中坚力量,也是未来经济的庞大消费人群,通过高校体育赛事,企业赞助商和高校都能够很好地获得自己的相关利益;企业能在高校大学生的品牌意识中树立良好的印象,以便将来把这些大学生群体转化为品牌的后期消费者。

三、拓宽企业发展的商机

对于现代企业来说,消费者对品牌意识和品牌认可度越来越有强烈的需求,品牌建设工作一直是企业发展的重要工作和努力方向。在参与高校体育赛事市场化的相关商业合作过程中,企业可以拓展出更多的营销机会与市场渠道,同时也可以更好地拉近与高校大学生、社会公众之间的消费关系[21]。大型高校体育赛事主办方获得赞助商的赞助后,可以更好地组织比赛、有序规划、扩大比赛规模、加设级别比赛,尽可能扩大比赛的规模和级别,扩大比赛影响力;市场赞助方可以获取比赛的冠名权、广告权、营销权等权益,在赛事赞助过程中巧妙地实现产品宣传。企业赞助商通过不同项目的高校体育赛事,利用品牌与赛事贴合度高的特点,明确赛事主体,宣传企业形象,最大限度地拉近与消费群体的距离,同时树立很好的品牌形象,在市场经济中将这些无形资产转化为企业的经济利益。另外,大型的高校体育赛事参与人群有体育消费需求心理,具有较高影响力、号召力的公司企业对大型高校体育赛事进行赞助,双方在赛事效应上能起到一定的合力作用和正向影响。以 2013 年李宁公司赞助大学生篮球联赛为例,李宁公司作为国内大型的体育运动品牌,品牌被国内大部分消费者所熟知,结合大学生联赛的联赛形象,两者相得益彰。联赛之后,李宁的服装销量迅速增加,赞助大学生篮球联赛为李宁公司带来了直接的经济效益,这也说明高校大型体育赛事能为赞助的企业带来很多商业无形资产。

四、树立企业良好的社会责任形象

在当前的社会经济市场中,品牌与品牌之间的辨识度越来越明显,消费者基于品牌意识的消费趋势也比较明显。一个企业自身的品牌形象是否正面强大,是否具备深厚的文化底蕴,是否具备深厚的社会责任感,对企业自身的当前生存和持续发展都十分重要。对于企业来说,参与高校体育赛事的合作,可以让企业自身的品牌更具亲和力,提升消费者好感。同时因为高校体育赛事的公益性和社会性,参与高校体育赛事的合作,也是企业承担社会责任的一种体现,能提升消费者对企业品牌的认可度和忠诚度。在企业与高校体育赛事合作的过程中,企业可以让自身的商业性特点和高校自身的公益性特点进行很好的融合,树立企业良好的社会责任形象。

第三节　高校体育赛事商业化运作的预期城市效益

一、树立城市美好形象

城市的综合发展和市容展现与这个城市的生活环境、基础建设、经济实力、文化底蕴都息息相关。在大型体育赛事中,不仅仅是运动员参与比赛,承办赛事的城市更是各个部门、各个岗位都进入了比赛状态。大型体育赛事参与活动的人数众多,且来自全国各地或全世界各地,大量外来人口涌入、新闻媒体聚集、大众口碑人人相传,对政府部门各个岗位的职责要求都比较高。优美的城市景观设计、充足的基础设施建设可以直接为赛事人员提供便捷的生活体验和赛事体验。因此,为了能成功申办大型体育比赛并成功举办比赛,给比赛的观赛人员、运动员、裁判员、工作人员留下良好的城市印象,树立城市形象,赛事承办城市在赛事前期会对赛事开展所需的基础设施,如交通、餐厅、住宿、通信、场地、植被、绿化等配套设施进行改造和升级,城市环境和市容市貌都会有大幅度的提升。因赛事举办而进行的城市建设一方面直接保证了比赛的顺利进行和赛事过程中的良好体验，另一方面也为当地市民提供了更好的居住便捷性和舒适感，造福当地居民。同时以赛促建的城市建设，将推动居民和政府更有动力去维护新的城市环境，树立良好的城市形象，提高城市凝聚力、城市魅力和城市竞争力。例如，我国奥运会举办城市北京、亚运会举办城市杭州，城市的基础设施建设都因为大型体育赛事而得到了国家财政拨款，进行了很好的提升和改善。体育赛事的申办和举办已成为一些城市经济增长的新亮点，对城市的基础设施建设也具有重要意义，特别是在一些支柱产业薄弱的城市，大规模的城市基础设施建设可以带动各行各业的产能发展和劳动力就业，短期内快速带动当地经济发展。由此可见，城市环境的美化为当地居民提供了良好的生活环境，也会给来自全国各地的体育赛事的相关人员留下美好的城市印象，承办城市美好的城市形象、城市印象通过体育赛事的各个环节无形中就在人们的心目中建立起来。依托体育赛事而留下的美好城市印象，让大众对赛事承办城市产生更多的兴趣和吸引，提高了城市的知名度，为城市将来吸引各类经济合作奠定了很好的基础，有助于后期城市的经济建设和发展。

二、提高城市居民健身意识

在比赛的前期准备中，大型体育赛事的承办城市都会通过各种渠道和途径进行赛事宣传，如广告、新闻广播、媒体宣传、网络平台、标语、横幅等外界传播媒介。这些资讯传播和赛事宣传在当地能够营造良好的比赛气氛和运动氛围，对当地居民也会产生潜移默化的影响和改变。体育赛事的举办一方面完善了城市的体育设施建设，为居民进行体育锻炼提供了更好的条件和便利；另一方面由于体育赛事的吸引力、观赏性、娱乐性,可以激发当地居民的体育参与兴趣,当地居民体育健身意识逐渐提高,慢慢形成体育锻炼的习惯和爱好。当地越来越多的居民参与全民健身、全民体育,当地的体育消费水平也会随之提高。例如,运动装备、体育保健品、体育器材的购买,在促进市民身体健康的同时也有助于举办城市的经济发展,提高居民幸福生活指数,满足新时期人民对美好生活向往的需求,有利于社会繁荣稳定。

三、完善城市体育工作制度

大型体育赛事是一项人员工作比较复杂的活动,参与人数众多,需要多部门多单位的共同配合和协调。举办大型体育赛事需要交通、体育、教育、医疗卫生、餐饮、媒体等部门的高度配合和协调,需要有比较完整的赛事协调方案、赛事制度。赛事过程是对当地城市体育赛事制度的考验,也是城市体育赛事制度检验、完善的机会。为保证比赛各个环节的正确和顺利,当地政府部门要从内部各个环节加强纵向、横向的工作组织和配合。在赛事组织方面,当地政府要加强各组织机构的协调配合能力,各项目组委会要按照竞赛组织规程,高效推进赛事前期筹备工作,实时把握各个环节,如竞赛流程、场地设备、安全保障等。在赛事风险控制方面,当地政府要确保赛事组织运行安全可靠,积极学习各项目组织运行的工作方案与流程。在赛事管理方面,当地政府可以充分应用人工智能技术,提高管理水平,为比赛的举办做好充足的前期准备和后期开展[21]。赛事承办城市的当地政府投入众多的人力、物力、财力,引导社会体育组织积极履行社会责任和义务,学习相关法律法规,一定程度上可以推进社会体育组织管理的标准化和规范化。同时,在举办比赛的过程中积累的丰富经验,为管理群众体育和完善体育基础设施提供了良好的借鉴,有利于推动城市群众体育的发展,为当地体育强省的建设、居民体质的提升、赛事名城的打造树立良好的外界口碑[22]。同时,承办大型体育赛事的经验积累和组织工作制度的改进与完善,有利于提升当地的赛会组织管理和服务保障水平,让城市居民切身地感受到体育运动的魅力,进一步凸显城市的体育精神和城市风貌。

四、扩大城市政治影响力

体育赛事的举办不仅会影响其经济文化、城市面貌、群众体育等方面,还会对城市的政治建设产生影响。在举办大型体育赛事的赛事管理过程中,该城市一方面彰显了经济状态和城市形象,以及政府吸引外来投资的决心和实力;另一方面,赛事的举办也能够证明该城市的政治建设和社会秩序稳定且安全,城市的综合地位和综合实力比较强大可靠。大型体育赛事准备的前期,各个部门、各个岗位的工作部署、工作协调和工作组织对城市的政府工作有很高的要求,城市管理、城市工作、制度规范等方面存在的问题会暴露出来,如果能得到及时的处理,将形成更为和谐、完善的城市政治生态环境。城市的政治生态环境稳定,就能够吸引外资企业和国内各类企业投资安家,提高城市的经济影响力和政治影响力。

五、丰富城市体育精神内涵

由于各省经济发展不同,人口出生存在高低差异,各省的人口聚集也呈现出不一样的状态,省与省之间、城市与城市之间的人口竞争也开始激烈。人口竞争、人才竞争其实也是城市之间的竞争,城市的竞争也是城市经济、文化底蕴的竞争。城市的文化底蕴是城市精神文明、文化素养、道德水平的综合反映,是城市意志品格、城市文化特色的提炼,是当地城市居民生活信念、人生境界的一种高度升华和深化,是这座城市的居民共同追求和认同的精神价值。城市体育文化是城市文化底蕴的重要内容之一,呈现了当地居民的体育精神风貌、当地城市的体育发展状态,对城市的群众体育、人民物质文化生活有重要的作用。大型体育赛事选定的承办城市,是对这座城市体育文化软实力的极大肯定,能够直接增强当地居民对城市体育文化的价值感、认同感和归属感。城市承办的大型体育赛事,能够吸引大量当地城市居民前来观赛,通过现场观看、切身感受,能够很好地提高当地民众的体育文化、体育素养和体育意识,引导其积极参与体育运动,为城市营造良好的体育精神风貌。体育赛事还会吸引众多其他地区的体育爱好者前来观看比赛,丰富当地城市体育文化底蕴的同时也能展示城市市容市貌,传播城市体育精神文化,通过这些方式,可以有效增强承办城市的体育文化自信。在体育竞赛的赛事氛围中,大学生志愿者和当地大学生都可以亲临其境,感受到顽强拼搏的体育精神,将体育精神内化于心,运用到日常学习和生活中,有利于大学生树立正确的价值观和乐观的生活态度。比赛场上运动员不抛弃不放弃、团结拼搏的体育精神鼓舞着城市居民乐观、积极、健康、向上地生活和工作。体育赛事的正能量在校园里传播,在城市里传播,这是体育的精神魅力,是任何其他赛事所不能比拟和取代的。

城市的深厚文化底蕴,可以形成强烈的文明素养凝聚力,并外化显现为历史悠久、人文关怀浓厚的城市形象,这些城市文化特质和人文特质将吸引更多优秀的人才来到这座城市工作和生活。大型体育赛事对承办城市的城市文化、体育文化的影响比较大,体育赛事的前期申办,让市民有城市自豪感,激励市民为城市贡献自己的力量;体育赛事的中间筹办,让市民有充足的参与感,促进市民对城市的价值归属;体育赛事的后期举办,让市民有付出的成就感,促使城市的人文环境更加和谐,这些都将吸引更多的游客以及有意愿来此进行定居、投资的外地居民,形成和谐、独特的城市文化[23]。此外,大型体育赛事的举办都会吸引广大媒体的关注和社会的关注,城市可以将体育赛事的竞技文化与城市的历史文化相结合,不仅是对城市自身文化的宣扬,也是对民族文化、国家精神的传承与发扬。大型体育赛事与城市文化、体育文化的关系密切,它们之间有着较高的共生密度。大型体育赛事一方面承载了承办城市的体育文化,另一方面又外在显化出承办城市的体育文化底蕴。深厚的城市文化底蕴、体育文化底蕴是城市承办大型体育赛事的重要文化基础,为赛事的申办、筹办、举办提供强有力的支撑。承办大型体育赛事不仅能促进城市的经济快速发展、改善城市形象、振奋市民精神风貌,而且能增强城市文化竞争的软实力。与此同时,大型体育赛事自身包含的体育文化和赛事精神依托城市文化得到了完美展现,体育赛事与城市文化二者之间相互作用、相互影响、相得益彰。

第四节　高校体育赛事商业化运作的预期产业效益

一、推动城市旅游产业的发展

随着经济快速发展和社会日益进步,人们的物质生活得到了很好的满足,人们开始向往美好的精神生活,所以在工作闲暇之余,旅游成为大部分中国人生活的一部分,旅游产业的发展迎合了大众美好精神生活的需求。旅游产业快速发展,城市旅游依据地方资源进入集中、快速开发的阶段,有明显的地域文化、民族文化、风俗文化以及人文特色,城市历经百年沉淀的历史文化资源对广大游客有较强的吸引力,各个城市逐渐形成本地独特的旅游产品。但值得我们思考的是,在旅游产业爆发式发展的进程中,越来越多的城市场景开发和旅游资源走向了趋同化,同类型的旅游产品比较多,容易造成游客的审美疲劳和精神困倦。因此,不同城市除了具有当地资源开发的旅游产品以外,应该在其他领域扩大对游客的吸引力,丰富城市旅游产业的内容,保持旅游产业的可持续发展。当地政府可以以体育赛事为旅游产业发展的新型亮点,以体育赛事为契机,吸引体育赛事的大量受众群体以及游客来到本地区观看体育赛事,并开展体育赛事旅游系列活动,如体育文化旅游、体育消费购物等,以此作为旅游产业的新型增长点,丰富当地旅游产业的服务内容和消费内容,助推城市经济的发展。以体育赛事为依托,体育赛事旅游可以给很多旅游爱好者带来一种不一样的旅游感官,体育旅游更有一种区别于常规旅游之外的体育精神领略和渗透。

二、推动城市体育产业的发展

一项体育赛事的顺利举办,是一项系统而复杂的工程。在举办体育赛事的过程中,当地政府在协调工作中会发现自身工作体系存在的不足,进而做出改进,提高城市的现代化管理水平和横向纵向的工作协调配合能力。以体育赛事为促进的机制下,各类科技手段和现代化的管理理念都将应用在赛事的各个环节中,智慧城市建设、智慧赛事管理、物联网技术、城市现代化治理等方面的赛事实践都可以提高城市综合竞争实力,也可以推动体育产业经济的发展和进步。此外,体育赛事的申办与承办大多数情况下需要不同的部门进行合作,实现优势互补和资源汇总。体育赛事带动的体育产业资源的互补和汇总,可以为当地体育产业的发展带来新的机会。体育赛事对城市经济的带动,加上体育产业资源的汇总,可以进一步活跃当地的体育产业经济,为当地原有体育产业注入新的生机和活力,获得一定的持续发展空间。

综合体育赛事一般参赛体育项目比较多,各个项目不同阶段的赛事场次也比较多。体育赛事无形中形成的体育氛围,可以感染民众赛后参与体育锻炼;新兴体育比赛项目,更能直接激发民众尝试新兴体育项目的热情,城市的体育产业发展会朝更多方向发展。例如,我国冬奥会的承办地张家口,依托冬奥会的赛事宣传和赛事信息传播,当地市民在家门口就有机会接触到冰雪项目,越来越多的人开始尝试了解冰雪项目、学习冰雪项目、参与冰雪运动,冰雪运动给周边省份和周边城市的人民群众带来了更丰富的体育娱乐生活。张家口周边省份和周边城市的冰雪场馆和基地如雨后春笋般涌现,体育产业市场也提供了更多冰雪项目相关产品,张家口冬奥会的举办实现了张家口体育产业发展的路径拓展。

第五节 高校体育赛事商业化运作的 预期社会效益

体育赛事期间,当地城市居民的生活消费水平会被无形中拉升,因观赛需求,当地居民在衣食住行方面的生活消费会明显增加。赛事申办和举办也会提供更多长期和短期的工作岗位,推动城市居民就业。大型体育赛事的举办需要交通、住宿、餐饮、媒体、网络等服务业产业的支持,同时也需要体育旅游产业、体育保健产业、体育器材产业的支持,这些都能够为社会提供更多的就业机会,实际上也在客观地提高人均生产总值,促进城市短期内的经济增长。大型体育赛事带动各行各业的发展,提供各行各业的就业机会,这些有利于社会的稳定发展和经济增长。企业利用产品服务和体育赛事的融合对接,对大型体育赛事提供产品资助,可以有效、快速地推广产品,占领市场份额,实现体育赛事和赞助企业的互利双赢。例如,在2008年北京奥运会后的四年里,中国体育及相关产业增加值从1555亿元发展到3136亿元。可以看出,举办大型体育赛事可以为社会提供更多的就业机会,直接推动体育产业和体育相关产业的发展,促进城市经济发展。

第六节　高校体育赛事商业化对
体教融合的实践推动

中国的后奥运阶段,国家体育工作进入了一个新的发展时期,体育工作的重点和方向已经有明显转向,对国民体质的提高、对健康中国的实现、对美好生活的向往,都是国家体育工作发展的重点和急需解决的民生重点。新的发展阶段,我国体育工作在探索一条不同于美国、德国、英国等国家的,符合中国国情和特色的体育发展之路。体育工作的重点围绕竞技体育的持续发展、国民体质的提高、群众体育的普及而展开。当前我国竞技体育发展过程中,竞技体育后备人才储量不足,严重阻碍了我国体育强国的建设。2020年9月21日中央深化改革委员会再次聚焦我国体育事业发展,国家体育总局、教育部联合印发《关于深化体教融合　促进青少年健康发展的意见》明确指出:"体育、教育部门推进国家队、省队建设改革与高校高水平运动队建设相衔接,在高水平运动队训练、竞赛、保障等方面给予大力支持,并将其纳入竞技体育后备人才培养序列。"中国竞技体育后备人才培养理念、培养方式面临改革发展,中国特色的体教融合方式培养竞技体育后备人才的模式,可以为中国竞技体育和群众体育事业的发展带来新的可能。高校体育赛事的市场化开展,是在教育部、中国大学生体育协会、国家体育总局等政府范围内的政策引导和管理下,以一种适应社会经济发展和市场经济运作规律的形式发展,有着学校体育工作的基本要求和开展背景,又接受市场调节和适应的比赛开展。高校体育赛事的商业化、市场化过程,在一定程度上会促成高校体育向着更加专业化、更加高水准、更加精品化的方向发展,这将不断提高高校的竞技体育水平,为国家培育体育健儿,增加我国竞技体育后备人才的储量,扩大人才选拔的来源,为我国体育强国、全民健身奠定良好的基础。

高校体育赛事的市场化运作将为学校体育工作注入新鲜持续的资金支持,高校可利用的体育经费将明显增加,可以高薪聘请国家级、省级或专业级的教练,对高水平运动队进行执教,从而进一步提高大学生运动员的竞技水平。另外,体育赛事市场化所带来的体育工作资金,可以改善高校体育设施建设。体育设施是学校进行体育教学和训练的重要组成部分,体育设施的增加将为学校进行体育教学、学生进行体育训练提供很大的方便,学校体育工作将开展得越来越好。高校体育赛事的市场化、商业化运作为学校体育工作带来的种种利好和发展,实际就是国家体教融合政策要求的落地兑现,建立了我国学校体育工作和竞技体育工作的一个良性循环,同时,又建立了高校体育赛事和体教融合的一个良性循环。体教融合的顺利逐步推进,将体育回归到教育的本质中,从学校体育工作中培养出高水平学生运动员,又将进一步推动体育赛事的高水平竞赛,提高高校体育赛事的商业价值,反向作用促进高校体育赛事的市场化、商业化运作;高校体育赛事的市场化开展,通过媒体宣传和信息传播,让大众重新认识和体会到体教融合的种种益处,形成体教融合良好的社会舆论和外界氛围,高校体育赛事商业化将逐步实现对体教融合的实质推动作用。

第四章

我国高校体育赛事商业化运作的现状概述

第一节　我国高校体育赛事商业化
运作的现状

一、赛事运作资金有限

随着国家教育政策的不断强化，全国高校陆续地在扩大招生规模，高校在校大学生人数不断增加，但高校原有的设施和资源没有与急剧增加的学生规模同步配套，造成了高校硬件设施使用紧张的局面，体育工作和体育设施方面也是如此。在有限的资金配置面前，学校没有对体育工作和体育硬件设施给予重视，优先把有限的资金配置给有利于提升学校知识形象的设施建设，分配给体育相关工作的资金就比较少，高校体育赛事的运作资金比较有限。学校教育工作的公益性特点，与企业的社会营利性特点有着本质的不同。在我国高校体育赛事市场化发展比较初级的现阶段，高校体育赛事的运作资金来源单一。由于各方面因素的制约和影响，高校体育赛事与企业、社会组织的合作也都处于一种探索阶段，市场化过程中的经营和管理缺少相关经验，不能很好地管理资金、策划赛事，导致企业、赞助商联合高校实现高校体育赛事市场化的过程中，获得的赞助资金比较有限，这也在一定程度上制约着高校体育赛事的市场化发展。

二、赛事专业管理人才缺乏

高校体育赛事的市场化推进需要教育部、中国大学生体育协会、国家体育总局、企业或赞助商等相关部门的协同推进，工作合作涉及方方面面，参与赛事管理和推广的专业人才需要具备学校体育、竞技体育、市场策划、市场营销等多学科、全方位的专业体系和知识背景。因此,高校体育赛事市场化推进面临的现实困境是懂学校体育、竞技体育的人不一定懂市场策划、市场营销;懂市场策划、市场营销的人不一定懂学校体育、竞技体育,这极大地影响和制约了高校体育赛事的市场化推进。通过现状调查我们可知,目前我国高校开展体育赛事的管理人员主要是教育系统的体育教师、后勤工作人员、大学生志愿者以及教育和体育部门的行政工作人员。虽然高校中负责体育教学的教师有着丰富的体育教学经验和相关专业知识,但他们营销方面的经验几乎为零;部分主管体育、教育的公职人员有丰富的行政经验,但体育赛事的组织能力与商业化运作经验比较欠缺。体育赛事营销的专业人员匮乏,使得高校体育赛事商业化的发展存在一定的困难。比如高校体育场馆的经营使用问题,我国高校的体育场馆主要由政府拨款建设,作为高校体育赛事商业化的要素之一,体育场馆既承担着高校赛事的训练与比赛,也承担着高校的体育教学。但是由于维护保养经费来源有限,许多高校存在体育场馆维护保养缺失、器材设施陈旧或损坏等问题,究其原因主要是赛事及场馆管理人员无法获得除学校经费外的资金来源。这也从侧面说明,高校体育赛事及体育场馆缺少优秀的管理、营销人才,对赛事及场馆进行营销和管理。专业的体育赛事管理人员须具备市场营销和管理能力、熟知高校体育赛事特点,采取和运用具有针对性、系统性的高校体育赛事商业化运作模式,达到高校体育赛事商业化发展的目的[24]。体育产业及相关产业在中国起步较晚、发展较慢,专门从事体育营销的人才很少,所以高校体育赛事会出现管理理念陈旧、经营策略失败、回收效益不高的现象,很大程度上会影响企业、赞助商参与高校体育赛事商业化、市场化的热情。

三、媒体宣传力度不足

高校体育赛事的受众群体体量是吸引企业、赞助商进行投资决策的重要因素。缺少观众关注的体育赛事无法满足大众文娱观赏享受的目的,更无法吸引企业、赞助商对体育赛事进行投资,最终影响高校体育赛事的开展。随着信息技术手段的发展,我国高校体育赛事采用线上和线下的方式对赛事进行宣传,但仍会出现宣传不到位的情况,影响到受众群体的观赛行为。对比美国大学生体育联盟(National Collegiate Athletic Association,简称 NCAA),我国高校体育赛事的关注群体相差甚远。甚至发生高校体育馆中两队球员激烈对抗,比赛精彩,但校内学生竟对体育馆内的比赛毫不知情的情况。这也说明,高校体育赛事的承办方与组织方不重视赛事宣传,对媒体宣传的意识不强,赛事宣传的深度和广度不够。高校体育赛事商业化的资金来源主要有政府、合作企业、消费者,如果高校体育赛事的各方参与者对赛事的宣传不重视,不能扩大赛事社会宣传面,就无法调动潜在消费者来增强高校体育赛事的影响力,所有体育赛事市场化的参与主体都无法从中获得相应回报,必然会对高校体育赛事的市场推广失去兴趣。

四、组织机构和管理不健全

高校体育赛事的大部分比赛是在高校校内举行的,参加人员大部分是在校学生,相比竞技专业水平,高校体育赛事的水平还是存在一定差距,导致关注赛事的人数也有所减少,增加了高校体育赛事市场营销的难度。在高校体育赛事中,水平很高的精品赛事不多见,高校体育联赛的忠实观众比较局限于体育爱好者的学生,其他人对高校体育赛事知之甚少。在这种较为松散的局面中,健全的组织机构、合理的组织管理就显得十分重要，可以对高校体育赛事起到协调领导、统筹分配的作用，为高校体育赛事的市场营销提供基础。根据调查报告显示，在某些地方的高校中，组建高水平运动队的高校占比极少，高校体育赛事组织管理机构就更不用说。大学生体育赛事参赛单位多、范围大、涉及面广，要把它打造成品牌，就必须健全组织机构，使赛事规范化、法治化、制度化、科学化，吸引企业、社会各界的关注，推动高校体育赛事市场化运作[25]。这些都要求高校体育赛事的组织机构健全、发达、信息畅通、富有效率。在大学生体育赛事发展很好的美国，学校体育系统在美国业余体育特别是竞技体育中占有极其重要的地位。美国竞技体育发展和体育后备人才培养都是以学校为中心，层层输送，高校是优秀学生运动员校内培养的最高阶段，再通过职业体育联盟进入专业竞技体育组织或俱乐部。所以美国大学生体育组织和体育管理机构健全发达、权威性高，具有较强的组织管理体系和赛事运营体系，市场开发程度很高[23]。相比之下，我国高校体育赛事因为各方面的协调配合不统一、市场起步较晚、体育协会功能不完善、赛事运营组织机构薄弱，同时管理上缺乏规范化、科学化、法制化，难以对高校体育赛事展开协调组织、科学管理和市场运营，这些都制约着高校体育营销的发展。

五、赛事发展不均衡

群众对体育赛事的关注度增加会使赛事影响力提升，一定程度上会提高赛事的商业价值。世界影响力最大的美国大学生体育联盟（NCAA），除美式橄榄球、篮球和棒球等项目外，游泳、体操等项目依然受到大众追捧。与之相比，我国高校体育赛事除足球、篮球、排球三大项目具备一定量的关注群体规模外，其他项目的关注度屈指可数。这种高校体育赛事发展不均衡的现象，大众的目光聚焦在几个赛事上，局限了校园体育赛事的范围，限制了媒体文化娱乐与信息传播的功能，不利于高校体育赛事的全面发展，更无从说起赛事的市场推广。这也凸显出我国高校体育赛事的组织者与商业化合作的企业对高校体育赛事关注失衡、商机洞察力不足的问题。高校体育赛事的组织者、赛事合作企业的决策是决定高校体育赛事商业化发展的两个重要因素。合作企业根据媒体曝光率、高校赛事关注度等外在表现形式，对高校体育赛事的投资价值、市场收益等进行评价与权衡[23]。高校体育赛事的组织方对足球、篮球、排球的关注，无形中过度吸引了合作企业对三项赛事进行投资，无意识地引导企业实现商业运营风险规避，这一行为使其他的运动项目没有得到均衡发展，对高校体育运动的全面发展造成障碍。尤其是民族传统运动或新兴的运动项目，这些项目比赛直播时，由于观众缺乏对赛事规则、赛事文化的了解，导致这些赛事的观众较少。高校赛事组织者与合作企业存在对新兴运动市场的认识不足、探索不够，将其目光停留在篮球、足球与排球项目，导致大量潜在的高校体育赛事的商机流失，从整体上减缓了我国高校体育赛事商业化发展的进程。

六、运作制度不健全

在高校体育赛事市场化、商业化的过程中，参与主体比较多，工作机制比较复杂，利益分配比较敏感，必要的规章制度是保证高校体育赛事市场化安稳进行的基本条件，也是各方权益的保障。我国吸引外资既得益于改革开放以来有利的国内外发展环境，也得益于我国因时制宜地实行积极的吸引外资政策[26]。从现实情况来看，我国高校体育赛事市场化推广处于起步阶段，各方面的政策配套都不完善，商业化推动的法律法规不健全，无法保护合作双方的利益，合作双方极易因利益纠纷而挫伤合作热情并埋下隐患,难以实现双方合力推动高校体育赛事的市场推广。基于经济市场的逐利性,企业会在缺乏相关政策支持、法律保障的情况下,对与高校教育系统、体育部门的合作进行重新评估和考虑,这一过程极易引起企业决策意向发生转变,影响高校体育赛事市场运作的合作推广。目前高校体育赛事市场化、商业化运作规章制度不健全、不完善,现有制度分散,甚至互相冲突,所以高校体育赛事市场化急需一种健全、完善、衔接紧密的规章制度体系。

第二节　我国高校体育赛事商业化运作的优化路径

一、拓展赛事资金来源

体育赛事的运作,需要大量的资金和人力投入,这是体育赛事运作的基本保证。目前的高校体育赛事资金来源过于单一,主要依靠政府的投入和一些中小企业的赞助,资金比较有限[23]。建议高校在体育赛事开展时,能主动开发内部资源和学校优势,通过多种渠道和途径,招纳吸引资金支持;在较为成熟的体育赛事上,积极引进社会资本进行运作,共同进行赛事的开发和推广,做大做强体育赛事,形成多方共赢的局面;创建良性运作平台,逐步积累经验,将其运用到其他赛事的开发上,逐步实现高校体育赛事的商业化运作;在高校体育赛事市场推广的初级阶段,逐步形成市场推广的经济获利积极反馈、正向流动到高校体育赛事的整个环节中,慢慢形成市场与赛事之间初级的、平衡的一个良性经济循环。在此基础上,逐步形成高校体育赛事市场推广的庞大经济体系。

二、打造专业赛事运作团队

体育赛事是否精彩、赛事运作是否流畅、赛事效应是否好评,都需要专业赛事运作团队对比赛全程进行专业运营和管理。高校体育赛事需要建立完善的赛事管理团队,确定业务工作的主干人员和协助人员,针对工作内容的分工和特点,对主干人员进行专项培训,提升主干人员的业务能力和专业知识;对协助人员进行明确责任,提升协助人员的积极性和责任感。在高校资源有限的情况下,可以联合学生体育协会、体育总局等行政管理部门,企业、赞助商等社会力量,共同进行赛事资源的整合、优秀人才的整合。充分挖掘不同主体的资源优势,实现各部门、各系统的强强联合,建立体育赛事的商业活动部门、职业公关团队、专业运营团队。从市场化运营的角度重新定位和打造高校体育赛事,使参与高校体育赛事的团队在熟悉经济市场规律的情况下,遵从学校体育和竞技体育的初衷,专注于高校学生运动员的培养,提升高校体育赛事的竞技实力,提升高校体育赛事的影响力[27]。

三、提升媒体宣传力度

随着信息时代的到来,人们生活节奏的加快,信息传播的速度和效率变得格外重要,各行各业都善于借助媒体平台,主动进行宣传,扩大自身的影响力,快速高效地占领市场。高校体育赛事能否成为品牌,品牌影响力如何,除了赛事自身价值外,还受到赛事包装、宣传、市场运作等影响。因此,高校体育赛事要在做好赛事常规运作的基础上,充分挖掘媒体传播渠道,加强媒体宣传力度,通过媒体的宣传和推广,让高校体育赛事走入大众视野。

我国现有在校大学生约四千万人，还不包括在校大学生家庭成员以及人数逐渐上升的体育爱好者人群，面对如此大的体育消费群体，高校可以有针对性地对受众群体进行宣传与服务。主办方应深层次挖掘赛事价值，从赛事文化的角度，通过电视、报纸、新媒体等多种媒介进行宣传，加强体育赛事的文化渗透；提升赛事质量，深化赛事文化底蕴，重视消费群体赛事人文体验。企业、赞助商也应以主人翁的姿态，积极参与赛事的宣传活动，策划宣传计划，将企业文化、企业精神与所在城市文化、校园文化、赛事文化完美结合，展示企业营销策划实力，协助高校体育赛事组织方制订因地制宜的宣传策略。此外，为了更好地调动社会大众参与高校体育赛事，促进高校体育赛事市场化、商业化运作，高校体育赛事的组织方可以加强赛事与群众间的体育互动，通过举办公益活动、公益教学、公益训练等措施拉近竞赛与观众之间的距离，使消费者形成参与体育竞赛活动的习惯。将高校体育赛事作为传播体育知识、体育文化的重要途径，引导发挥体育对健康文明生活方式的功能，提高群众参与高校体育赛事的意识，在稳定现有关注群体的基础上，进一步挖掘潜在的赛事关注群体。

高校体育赛事的媒体宣传和营销可以促进大学校园的体育文化发展，丰富大学的校园文化，使高校竞技体育水平提高，加强高校赛事与市场经济之间的交流与合作，提升高校体育赛事的知名度，扩大高校的社会影响力。高校体育市场在慢慢发展，虽然赛事市场化经营中仍然有着许多问题，但市场前景十分良好。我们要总结营销过程中的缺陷与不足，看到高校体育赛事的独特市场优势，运用良好的经营策略，推动高校体育赛事市场化的持续发展。

四、优化组织机构和管理

高校体育赛事市场运作相关组织机构的设置、管理的优化是高校体育赛事市场健康运营、可持续发展的重要保障。组织机构设置得是否合理、健全程度决定了工作和管理效率的高低,直接关系到高校体育赛事市场的良性运转。在高校教育系统、学生体育协会、体育总局、社会企业、组织和赞助商、媒体中介等多方位的参与下,各部门的工作既有主体责任领导,又有统筹分工和协同合作。应建立、完善大学生各单项体育协会组织,突出"以人为本"的理念,使机构设置层次化、工作任务细分化,对赛事市场推广主体责任和义务进行层次化区分;对赛事的组织、筹备、管理、培训等工作进行细分,成立各单项体育协会指导下的下属工作委员会,各系统各部门开展各项细分工作,并且成立专门的监察、监督机构,对各部门各系统进行指导和监督,以保证各项工作的公平、公正和公开。努力实现各系统各部门的权力、责任制度化,工作效率最大化,明确各部门各系统、下属委员会的各项权利、责任与义务,各负其责地开展工作,力争实现工作效率的最大化[26]。

五、提高赛事水平和影响

市场的经济逐利性会使企业、赞助商关注投资所得到的回报,所以进行投资时会将赛事受众群体规模进行重点考虑。体育赛事要朝市场化方向运作,就要求体育赛事达到一定水平,具有观赏性、可看性,这样才能减少市场推广的阻力与难度。因此,在短时间内,不能实现所有的高校体育赛事全部推向市场化运作,而是在某些赛事达到一定水平的基础上推向市场化运作,夯实高校体育赛事市场化运作的基底层面,最终实现绝大部分高校体育赛事的市场运营。这就要求各级各类体育赛事努力提升自身项目的水平,努力打造精品赛事,提高比赛的推广价值,满足市场化推广的客观要求。

我国高校体育赛事在不断完善运行结构的同时,要进一步促进商业化运行模式的发展,提高赛事水平和赛事影响。主办方要积极开展高校体育与社会企业之间的双向交流,向企业展示高校体育赛事的潜在价值、公益效果,以此吸引更多的资金支持、更好的合作运营资源。举办高校体育赛事的政府官方机构和单位应从整体上确立目标、设置机构、统筹资源,借助企业的运营经验优势,立足我国国民经济和高等教育的实际发展现状,正确定位,塑造品牌,实事求是地制定高校体育赛事商业化的短期规划和长期发展。采用重点打造、均衡发展的品牌策略,挖掘各项各类体育项目价值,对高校各项各类体育赛事进行商业化运作,促进我国高校体育赛事各项目的平衡发展,同时实现优势项目的领头引导和帮扶带动。合作企业需要对高校体育赛事的商业价值、自身产品、市场特点及营销手段做出正确判断,降低企业商业运作的风险,满足观众文化娱乐的需求,同时达成合作企业所希望的市场经济目的,并起到中介作用,促进高校体育赛事与新闻媒体之间的合作,加大高校体育赛事的宣传和推广力度,扩大高校体育赛事影响力、高校影响力、企业影响力,打造高校体育品牌赛事。

六、健全赛事规章制度

当前虽有企业、社会组织和机构向高校体育赛事进行投资和赞助,但因为高校体育赛事、体育产业有着不同于市场商品的特有公益属性、教育属性,双方在推广过程中有着不同的利益诉求。在实现高校体育赛事市场推广的同一目标下,如何实现双方利益最大化的同时坚守双方的原始利益立场,是需要通过相关法律法规来界定和说明的。规章制度是一个组织具有法律约束力的行为准则,是用文字的形式对组织内各项活动操作的要求、管理工作的要求、相互之间的协作和制约所做的规定,是组织成员的行动准则。健全的规章制度是高效率管理的保证,没有科学、严格的规章制度,组织就会陷入混乱和无序,严重影响组织的发展。高校教育系统、学生体育协会、体育总局、合作企业需要积极协调和沟通,明确自身立场和利益诉求,在一致达成推动高校体育赛事市场化运作目标的情况下,制定和完善高校体育赛事商业化推广相关的法律法规。为举办高校体育赛事的各方提供利益保障,使各方在合作中形成合力,建立长期稳定的合作关系,进一步为培养高校优秀的体育人才,储备国家竞技体育后备人才提供持续的保障。

第五章

国内外高校体育赛事的
典型案例

第一节　CUBA 赛事的运营

一、CUBA 赛事的发展历程

1. 推出 CUBA 赛事

1985 年中国大学生篮球协会成立,为推动篮球运动在高校的普及和发展,中国大学生篮球协会进行了长达十一年的探索和尝试,在很长的一段时间里,大学生篮球比赛因为活动经费紧张、体育产业起步晚等原因而没有得到持续发展。1996 年 6 月 6 日,各方专家在中国人民大学举行推行 CUBA 的必要性和重要性为目的的座谈会。为解决大学生篮球联赛的资金问题,在多方的努力合作下,1996 年 11 月 28 日,中国大学生篮球协会与恒华集团在 CUBA"发展高校篮球,培养篮球人才"的办赛宗旨和目标上达成一致认识,双方合作签约仪式在人民大会堂浙江厅举行。1997 年 2 月 1 日,国家体委将 CUBA 联赛纳入全国体育竞赛计划,1997 年 3 月,恒华集团正式成立恒华体育发展有限公司,主要负责推行和承办 CUBA,自此 CUBA 有了资金来源和经济实体。1997 年 4 月,国家教委正式批准 CUBA 组织办法,1997 年 11 月,CUBA 组委会在人民大会堂成立。1998 年 3 月 19 日,首届 CUBA 开幕式晚会在中央电视台举行,著名歌手刘欢为 CUBA 作词作曲并演唱了《CUBA 之歌》。同年 3 月 25 日为保证 CUBA 赛制的科学性和合理性,组委会主要成员赴美考察 NCAA 和 NBA 赛制,为高起点推出 CUBA 做了充分的准备和策划,至此,CUBA 的发展进入了一个全新时期[28]。CUBA 是由中国大学生篮球协会和恒华集团共同主办的全国性高校体育赛事,它是中国体育史上第一次提出以扩大篮球人口,培养高水平篮球后备人才为目标的学校体育赛事。CUBA 坚持走社会化产业化发展道路,鲜明的"育人"宗旨和独特的文化氛围吸引了全国高校的积极参与和社会各界的广泛关注[29]。1998 年首届 CUBA 开始,26 个省市自治区的 617 支高校篮球队、9 130 名运动员和教练员参加了各个阶段的比赛,比赛场次达到了 2 600 多场,现场观众达 146 万人次,其中决赛阶段有 20 场比赛,中央电视台进行了现场直播,几十家报纸、杂志有不同程度的报道,CUBA 信息传播受众量约达 11 亿人次。CUBA 成为很多地区篮坛的盛事,高校校园出现了前所未有的"篮球热",篮球的发展迎来了春天[30]。

2. 起始阶段——CUBA 赛制雏形基本建立

1998 年第一届 CUBA 采取分级赛,分为 A、B 级联赛,其中 A 级联赛集中在一所承办院校进行,符合报名条件的队伍直接参加比赛,B 级联赛以长江为界,分为南北两个赛区,先进行预选赛,然后进行分区赛,南区冠军和北区冠军进行 B 级总决赛,最后由 A 级联赛冠军和 B 级联赛冠军进行总决赛。在首届联赛达到预期效果的基础上,1999 年第二届 CUBA 将自然年度比赛改为学年度比赛,取消分级制度,A 级联赛改为试点院校邀请赛,A、B 级联赛不再列入 CUBA 竞赛规程,在原有的 B 级联赛竞赛方案的基础上,将南北区改为东南、西南、东北、西北 4 个分区,增加了男子八强赛,改革后的竞赛方案从第二届 CUBA 开始实施。赛制改革后,CUBA 的整体水平和激烈程度都有很大幅度的提高。由于此次赛事的改变,本届联赛中出现了一股来势猛烈的"作假风",组委会坚决果断地采取措施,对涉及的 9 支球队进行了严厉处罚,一时间 CUBA"打假风暴"成为媒体报道的热点,在高校和社会上引起了较大的震动和反响。2000 年第三届

CUBA以此规程为依据,在前两届联赛的基础上,组委会对竞赛办法和各项基本制度进行了总结和修订,制定出以"不变的参赛条件、固定的比赛时间和有利于参赛队系统训练的赛制"为特点的CUBA竞赛规程。联赛的规模和影响力稳步提升,参赛院校的知名度更高、区域分布更广。同时CUBA已经从校园"焦点"演变为校园"时尚",很多高校的校报、宣传栏、广播里都在谈论CUBA。参赛队也向纵深发展,一些多年不组织球队的知名院校,如清华大学、南开大学、南京大学、武汉大学、哈尔滨工业大学、中山大学、西南交通大学等均加强了队伍建设,并凭借自身实力打进了分区赛,西部偏远省份的不少院校也加入了CUBA大家庭,整个CUBA呈现出一派蒸蒸日上的发展势头。通过赛事实践检验和不断改革,CUBA赛制雏形基本建立。随着联赛的推广和运作更加深度化,CUBA赢得了更多社会关注,第四届比赛尝试进行赛事推广,利用、开发社会资源,使联赛走向科学化、规范化的道路,随后又不断"西扩",将联赛辐射到西南、西北地区,社会反响强烈。

3. 调整阶段——CUBA运行机制基本成熟

第四届CUBA开始进入科学化、规范化轨道,在前三届赛事的经验基础上,CUBA组委会开始在赛事组织和推广方面提出了新的发展思路,尝试一些新的做法。如东南区比赛由江西省体育局竞赛管理中心承办,通过开发利用校园和社会资源,调动社会对高校体育赛事的积极性,提高社会关注度,CUBA的社会化程度得以提高。西北区比赛由新疆大学承办,扩大CUBA在高等教育规模不大的偏远省份的影响和知名度。

针对前三届联赛中,利用赛制漏洞作假比赛的9支球队均做了深刻检讨并采取了积极的纠正措施,在长春召开的常委会通过了9支球队解除处分、恢复参赛资格的决议,并对赛制进行了进一步完善。为进一步巩固第四届比赛的影响力,扩大篮球项目的普及,第五届 CUBA 以东部大城市为根据地,大举"西进",组委会有意识地选择以西部区域的中心城市进行赛事推广。如西南区放到因运动项目布局和结构调整多年不组织篮球竞赛的广西桂林,西北区放到经济社会发展水平相对落后的西宁,比赛在当地引起了很大的轰动,成为媒体争相报道、群众喜闻乐见的热点赛事。尽管突如其来的"非典"疫情打乱了第五届 CUBA 男八强、女四强的赛事组织计划,但联赛组委会积极协商,在各方的共同努力下,通过周密的部署和扎实的工作,第五届 CUBA 最终圆满收尾。这一事实既证明了联赛的凝聚力和组委会的组织协调能力,也标志着 CUBA 联赛运行机制的基本成熟[31]。

4. 发展阶段——CUBA 赛制的稳固发展

基于前几届联赛的成功举办,CUBA 组委会不断根据篮球运动发展的趋势,对联赛的赛制进行着修订和补充,逐步巩固 CUBA 赛制,这段时期可以概述为 CUBA 赛制的稳固发展阶段[32]。在第六届联赛中,组委会将分区赛的比赛延后至每年的 2 月底至 3 月初举行,在日程上缩短了分区赛与八强赛的时间间隔,由原来"冬天里的一把火"变成"春天的故事",从而使赛事更为集中,各省区市基层预赛结束后,各高校球队能够利用寒假集训的时间对队伍进行更好的有针对性的训练和调整。将男子八强赛改为主客场制,同时男子八强赛引入罚球制胜赛制。女子由四强赛扩编为八强赛,在晋级办法上实现了"男女平等",降低了女队突围的门槛,赛制采取先分组循环后交叉淘汰的方式,决赛采取主客场制[31]。随着几届赛事的举办,CUBA 的规模和影响力逐步扩大,2005 年第七届 CUBA 得到香港李嘉诚基金会的出资赞助,对汕头大学比赛场馆进行了全面改造,配备了先进的 LED 裁判系统。2006 年第八届 CUBA 开始,分区赛扩军,从原来的男女各八支队伍增加到十支,制定机动名额分配制度,各省、自治区、直辖市 CUBA 预选赛冠军队直接晋级分区赛,空余的参赛名额将优先分配给大学生篮球运动普及程度和整体水平较高并且预选赛成绩优异的高校代表队,同时分区交叉淘汰赛和八强赛的对阵分布由抽签的方式来决定[33]。从第一届到第十一届联赛,经过长达十年的发展,CUBA 发展成为极富观赏性的社会传统赛事。由此可以看出,CUBA 组委会通过对自身赛制的改革,使联赛赛程更加合理、比赛更加密集、场面更加激烈,同时也更好地保证了比赛的公平、公正和合理,进一步激发了各高校参与 CUBA 的积极性。CUBA 的参赛队伍逐步增加,高校的篮球氛围得到提升,赛制的变化使比赛更加激烈精彩,高校篮球运动快速发展。同时,各高校积极参加 CUBA 也使得CUBA 规模壮大,保证了 CUBA 的可持续健康发展[34]。CUBA 已经成为深受大学生喜爱的赛事之一,促进了我国高校篮球运动的发展和篮球文化在校园中的推广。

5. 现阶段——CUBA 全面发展的新时期

2000 年 11 月,为了加强体育文化交流和高校间的交流学习,CUBA 组委会与华侨大学共同举办了"海峡两岸暨港澳六校"篮球邀请赛。2013 年 2 月,CUBA 通过合法换届,至今已形成中国大学生体育协会(简称大体协)、中国大学生体育协会篮球分会、阿里体育、赞助商与合作伙伴等多主体参与的体育赛事。2011 年至今,可以说是CUBA 赛制的基本完善阶段,经过多年的实践和探索,CUBA 进入了一个良性循环阶段,成为高校篮球竞赛参与交流的主要平台,参赛队伍进一步增加。随着联赛的影响力与日俱增,中央电视台和联赛的战略合作关系不断加强,中央电视台体育频道对联赛的转播场次逐年增加,收视率节节攀升。联赛先后与康师傅、李宁等公司建立赞助合作关系,利用校园、网络、社交软件对联赛进行推广宣传,CUBA 的新浪官方微博粉丝数已达数百万,以"CUBA 荷尔蒙"为主题的微博话题阅读量达 6 亿次,参与讨论用户近 40 万人。对 CUBA 赛事进行报道的校园记者遍布全国各大高校,观众观赛热情高涨,在多场焦点比赛中出现了因观众过多而限制观赛人数的火爆场面。联赛主办方与赞助商联手组织丰富多彩的场下活动,现场观众参与度高,社会反响强烈,如今 CUBA 的品牌价值已达十亿元[34]。与此同时,联赛每年定期举行夏令营,增加队伍之间的交流学习。CUBA 的观赏性、竞技水平不断提高,先后涌现出韩德君、曾令旭、王洪、班铎、郭凯等多位优秀球员参加职业篮球选秀,在中国男子职业篮球联赛 CBA 赛场上展示自身实力。来自北京师范大学的女篮队员邵婷带领北京队夺取 WCBA 总冠军并荣膺最有价值球员,并和来自天津财经大学的吴迪、赵志芳一同入选女篮国家队,身披国字号战袍为国征战。发展至今,中国大学生篮球联赛(CUBA)"小学—中学—大学"的篮球人才培养体系基本形成,逐渐向职业队输送人才,联赛达到较高的社会化、产业化运作程度,有充足的资金实施院校利益分配和运动员福利计划,至此 CUBA 进入全面发展的新时期[33]。

二、CUBA 联赛的文化特点

体育赛事的属性一般包括赛事的规模、时间、地点、选手级别和赛事要求等,赛事的持续时间越长,在比赛期间及赛后对本地及相关地区的经济影响、社会影响相对越大[34]。中国大学生篮球联赛是中国体育史上第一个面向社会、面向高校,以培养高素质和高水平篮球后备人才为目标,采取产业化和社会化模式运作的中国大学生专项运动联赛。CUBA 于 1998 年正式推出,到 2022 年已成功举办了 24 届,目前已成为国内篮坛的重要赛事之一。从体育竞赛的竞技水平来看,CUBA 赛事是业余选手比赛,我国 CUBA 赛事竞技水平和美国

NCAA赛事水平相比差距较大。现在每年CUBA都要举办大量的赛事,各省区市的预选赛、决赛以及总决赛,人们通过参加、参与CUBA赛事而获得独特的感受与体验。从赛事规格上来讲,CUBA赛事属于国内赛事、地区性体育赛事。从赛事性质看,CUBA赛事多为非营利性的公益比赛以及教学与交流性质的比赛,很少为营利性的商业比赛。从CUBA赛事的发展历程来看,CUBA联赛呈现出以下特点。

1. CUBA的核心理念——育人

建立一个科学的人才培养体系,需要有一套合理的赛制,通过比赛发现和选拔优秀人才。CUBA以建立全新的篮球人才培养体系为目标,重点为篮球运动培养优秀后备人才。早在联赛计划推出阶段,CUBA组委会就专程赴美国考察全美大学生篮球联赛,组委会先后参观了美国奥林匹克训练中心、NBA制作中心、NCAA总部、空中学院等。并与NBA、NCAA的有关人士进行了会谈,观摩了篮球城的活动以及NCAA的四强赛,经过组委会的反复论证和小范围试行,确立了第一届CUBA的基本框架。CUBA推行过程中,对于一些反映比较集中的问题,组委会不断地探索和修改方案,如建立顺位补缺机制、取消总决赛五分钟决胜期等,体现了联赛的广泛性和代表性,使CUBA赛制更符合高校篮球运动发展的基本规律,有利于在普及基础上实现高校篮球运动技术水平的提高,有利于篮球运动快出人才、多出人才[35]。

CUBA组委会有计划地组织教练员、裁判员培训,为联赛的持续发展提供人才保障。从第一届CUBA开始,组委会定期每年组织一次教练员、裁判员培训活动,同时本着自愿原则,组织在校大学生和高校青年体育教师参加篮球裁判员培训及技术等级考试。为提高我国篮球裁判员的执裁水平,提供CUBA的裁判保障,组委会针对我国篮球裁判员普遍英语水平不高、难以适应国际比赛的问题,通过组织裁判员英语学习、尝试现场英语宣告等方式,提高裁判员英语学习的积极性和裁判实际应用能力。通过篮球人才夏令营、高校篮球教练员、裁判员培训等形式,CUBA 累计培训教练员 800 余人次,其中 300 余人成为国家一级裁判员,其中 60%是在校大学生,对于学生裁判当中条件和水平较为突出者,组委会坚持放手大胆地使用,如华中科技大学水利工程系博士研究生曾宏涛曾执法第四届 CUBA 总决赛。通过有计划的组织培训,CUBA 也培养和造就了一支文化水平高、业务能力强、知识结构合理的教练员、裁判员队伍。

CUBA 坚持不偏离教育规律,把教育和体育整合,突出教育特色,培养出文化水平和技术水平综合素质都高的文化体育人。这种大学生篮球运动员既有专业的文化知识又有篮球的竞技特长,社会认可度也在逐步提高,因而极大地提高了那些喜爱篮球运动的广大中学生及其家长的参与热情。在大学生篮球运动员的专业培养方面,CUBA 组委会发挥培养机制的全面性,实行学分制、特定标准、延长毕业年限,解决了大学生运动员因长时间的运动训练与课程学习的平衡问题,为运动员拿到毕业证、学位证走向工作岗位提供保障。CUBA 经过 25 年的发展,向 CBA 输送的运动员不计其数,比如王晶、韩德君、刘久龙、刘子秋、赵楠、张振楠、曾令旭、殷志勇、魏明亮等多名球员。在 2007—2008 年 CBA 中,清华"双子星"刘子秋在 CBA 的处子秀 15 投 11 中得到 24 分,凭借联赛中优异的表现,参加了这一届全明星赛,作为特邀嘉宾参加扣篮大赛。山西中宇前锋队员魏明亮是 CBA 第一位研究生球员,曾两次夺得 CUBA"得分王""三分王"称号。其加盟山西中宇的同时也得到了在大连理工大学任教的工作,经过双方洽谈后达成协议,大连理工保留魏明亮的工作岗位,待 CBA 退役后再去任教。CUBA 球员凭借高学历、高水平篮球技战术得到俱乐部和高校的青睐,CUBA 培养中国优秀篮球后备人才成效渐显[33]。另外,2022 年 CBA 召开《中国男子篮球职业联赛国内球员基础信息白皮书(2021—2022 赛季)》线上发布会,数据显示 CUBA 输送球员首次注册 CBA 的平均年龄为 23.17 岁,首次注册时最小 19 岁,最大 27 岁。自 2015 年 CBA 选秀正式实行以来,进入 CBA 的 CUBA 球员人数逐年增加,2021—2022 赛季注册球员中共有 43 人由 CUBA 输送,其中年龄最大的为 34 岁,分别为辽宁队的韩德君及新疆队的曾令旭。截至 2021—2022 赛季,CUBA 输送球员平均效力年限为 3.1 个赛季,其中效力年限最长的是辽宁本钢队球员韩德君,自 2007—2008 赛季首次注册 CBA 联赛至今已效力 15 个赛季。此外,其他的 CUBA 球员在 CBA 赛场也有不错的表现,说明 CUBA 培养高水平篮球运动员的机制已取得一定的成效。CUBA 联赛是在高等教育体制、篮球后备人才培养体制改革的大环境下,对篮球后备人才培养体系逐步社会化所作的尝试。尽管 CUBA 成为向职业队输送人才的主渠道这一目标尚未达成,但 CUBA 取得的一些绩效和成绩却是我们有目共睹的。

2. CUBA 的最大亮点——文化

CUBA 浓郁的校园文化不仅丰富了校园文化生活,发展了学校体育运动,同时还大大提高了学校的知名度,增强了学校的招生竞争力。在推行联赛的过程中,先后有很多国内外知名企业出资赞助 CUBA,吸引了摩托罗拉、万事达卡、一汽大众、中国电信、铁通、达盛电子、CECT 手机、FILA、李宁、康威、双星、红牛、南华利生、WILSON、兰华、飞鹿、洪都、康恩贝、正大福瑞达、安踏、优酷、抖音、战马、阿里体育、HNS、准者、乐活优选、喜临门、斯伯丁、艾动、乐动力、咪咕、我奥篮球等公司的加盟合作,这些企业都把 CUBA 视为传播企业文化、树立和提升自身品牌的平台,品牌成为双方的共同语言。区别于其他的职业体育赛事,CUBA 的最大魅力是具有浓郁的校园文化特点,作为当今高校体育赛事中的重要赛事,CUBA 的任何一个赛场上,都能看到文明而狂热的观众,充满诗情画意、青春欢快的口号和热情奔放、健康活泼的赛间表演。各个高校各有所长,多姿多彩,如北京体育师范大学的体育舞蹈、华侨大学浓郁侨乡风味的二十四节令鼓、河南大学的武术、湖南师范大学的舞龙,这是高校的校园文化,也是 CUBA 赛事文化。CUBA 赛场上激动人心、热情洋溢的篮球标语和篮球口号逐渐深入人心,篮球插上了梦想的翅膀,在中国的高校里越飞越高越精彩。

CUBA 从策划赛事开始,就提出了 CUBA 品牌文化的理念,并重视品牌文化的熏陶和传播,首届 CUBA 开幕式晚会,著名歌手刘欢为 CUBA 作词作曲并演唱了《CUBA 之歌》。从举办至今,组委会设计了专门的会歌、会标、会旗、吉祥物等,并为各参赛队也设计了队标和队旗,逐渐形成了一个完整、统一的品牌形象。

三、CUBA 赛事的发展现状

CUBA 作为中国第一个大学生联赛,从 1998 年创立至今,始终秉承着"发展高校篮球,培养篮球人才"的根本宗旨,普及和推广高校校园体育文化,培养大学生良好的意志品质和团队精神。随着 CUBA 的持续推进,联赛的影响力已经辐射到许多学校,很多高校把大学生篮球联赛作为提升学校品牌、加强学校之间体育文化交流、促进校园文化建设和全面实施素质教育的重要手段。"我运动、我健康、我快乐"的体育理念逐渐深入人心,赛事传递的积极、健康、向上的正能量也不断鼓舞着一届又一届的大学生。各级大学生篮球联赛的预选赛、分区赛规模、运动水平、影响力以及社会化程度逐步提升。作为高校文化的载体和传播平台,CUBA 具有明显的教育特色,社会各界广泛关注。从联赛前十年的数据显示,CUBA 联赛现场观众由原先的 140 万人次增加到 280 万人次，信息传播受众总量由刚开始的 11 亿人次增加到 35.3 亿人次。2010 年左右就基本被外界称为是国内"赛事规模最大、地域覆盖最广、文化层次最高"的专项运动联赛[36]。经过二十多年的发展，当今的 CUBA 联赛每年分区赛参赛队伍为 112 支，参加基层预赛的队伍已经超过 1 200 支。同时，通过二十多年的社会化、商业化发展，CUBA 先后吸引了安踏、中国银行、摩托罗拉、铁通、海南航空、康威、李宁、红牛、双星、WILSON、南华利生、兰华、飞鹿等公司和大型企业的赞助和支持，成为国内具有较大影响力、较大参与面的体育盛事。此前，CUBA 组委会和李宁公司建立战略合作伙伴关系，李宁公司通过赛事推广，服务产品开发，全面进军篮球市场。当前，CUBA 以网络为平台，发展无线增值业务，提高产业化运作水平，产生了良好的社会效应和经济效益。2018 年 10 月 10 日，在继阿里体育出资拿下 CUBA 未来七个赛季独家运营权后，CUBA 迎来了赛制、电视转播、赛事包装等方面的历史性变革。CUBA 特有的中国高校体育文化是其他体育赛事所不能比拟和替代的，越来越多的企业愿意通过体育平台、教育公益平台来宣传自己的企业文化，这将为 CUBA 的运作带来潜在的经济效益。再加上计划经济下的中国体育事业，CUBA 仍将在政策与经费上得到政府的大力支持。在我国，CUBA 吸引了 1 000 多所高校、2 000 多万名在校大学生和 200 万名教职员工，以及数千万梦想上大学的高中生和社会群体的关注。覆盖面如此之广、参与人数如此之多、文化底蕴如此之深决定了 CUBA 市场发展的巨大潜力。这些年 CUBA 的竞赛体系日趋完善、运动水平稳步提高、社会影响迅速扩大、优秀人才崭露头角、市场运作成效显著，已成为中国篮球的一项品牌赛事[33]。

四、CUBA 赛事的运营策略

1. CUBA 市场运作理念

CUBA 从联赛推出之前,就十分注重品牌文化的建设,经过品牌塑造,设计了专门的会标、会徽、会歌、会旗、口号、吉祥物,并为各参赛队设计了专门的队旗和队标,逐渐形成了一个完整、统一的品牌形象。CUBA 的品牌建设和发展,是在符合经济市场规律的社会化经营的基础上,以育人为宗旨、以文化为背景、以金牌为目标、以竞赛为手段的中国高校体育品牌。重视联赛的品牌树立,发展大学生篮球产业,是 CUBA 在赛事推广和市场开发活动中始终坚持的一个核心理念。

CUBA 的良性循环运作和社会影响力是以良性的产业化运作为基础,组委会重视品牌无形资产的积累,通过多种渠道融资,不断增强联赛自我发展能力,使得发展高校篮球,培养篮球人才这一渠道慢慢畅通,篮球后备人才通过 CUBA 的择优录取逐渐得到补充。CUBA 的产业化运作是在培养篮球人才这一目标的基础上进行的产业化运作,产业化运作又是实现培养篮球人才目标的重要保障。CUBA 的产业化发展,开创了我国高校体育产业化的先河,在政府投入不多甚至没有的情况下,大胆尝试将高校的体育联赛推向社会,进入经济市场,向社会筹集联赛运作资金,特别是将主要赞助商恒华国际集团吸纳为组织者,解决了比赛资金的问题。国内外知名企业纷纷出资赞助 CUBA,这些企业都把 CUBA 视为传播企业文化、树立和提升自身品牌的平台,CUBA 的品牌文化得到了广泛认可,品牌成为合作双方的共同语言。

2.“互联网＋”背景下 CUBA 市场运营策略

2014 年国务院出台了《加快发展体育产业促进体育消费的若干

意见》，文件提出了放宽赛事转播权限，除奥运会、亚运会、世界杯足球赛外的其他国内外各类体育赛事，各电视台可直接购买或转让转播权。这一利好政策使得各类互联网企业在体育赛事方面有很大的可为空间，也吸收了大量的互联网商家的涌入，利用自身互联网优势，打造属于自己的优质体育 IP，建立起一个动态的"互联网＋体育产业"平台生态圈，对体育赛事的媒体传播和广告宣传十分利好[37]。2018 年 7 月，中国大学生体育协会公示，阿里体育有限公司与 CUBA 正式签约，阿里体育拿下 CUBA 未来 7 个赛季的独家商务运营权，作为互联网运营十分娴熟的企业，阿里的加入为 CUBA 注入了充足的后续力量和强大的媒体资源。阿里体育接手运营 CUBA 以来，从赛制改革到媒体转播等一系列的改变，都由阿里体育一手包办，这也给 CUBA 的发展带来了新鲜血液和新的发展思路。阿里体育将 CUBA 联赛的赛会制改为主客场制，大大提高了球队的主场氛围、主场意识；携手不同赞助厂商，更换新款赞助球服，使用新赞助商专业用球，给观众带来新鲜的不同的视野感受；改良直播系统，引入高水准赛事转播级别的设备，提升赛事转播水平，为用户带来更好的观赏体验。阿里体育的一系列举措，把 CUBA 助推到一个新的发展高度，让更多的大学生更好地参与到整个赛事，体验沉浸式的赛事享受，使得 CUBA 校队文化更好地在校园中传播，同时也为校园体育文化建设打下一定基础。

（1）转变模式，联动发展。

阿里体育集团附属于阿里巴巴旗下，阿里巴巴独特的生态优势将电商与内容相结合，电商作为阿里巴巴集团的核心运营方式之一，在每年的收入比例中，电商方面的收入占 60％以上。阿里体育与 CUBA 的营销模式也需要以阿里巴巴运营模式为基础模式，按电商与内容相结合的机制运行[38]。利用阿里巴巴的企业优势，开通

CUBA 赛事的线上观看，直接增加 CUBA 赛事的观看率，扩大 CUBA 赛事的媒体影响；配合高校和大体协，做好线下赛事工作，强化观众的良好线下体验感。通过同时开通 CUBA 赛事的线上线下市场，让两者融合发展，使 CUBA 联赛在体育市场有更大的进步空间。同时阿里体育凭借阿里巴巴的企业优势，联动淘宝、支付宝、钉钉、天猫等平台的宣传，更深入、更全面地推动 CUBA 赛事的发展前程。阿里体育对 CUBA 营销模式带来了巨大转变，带来了两大竞争优势：实现了合作方的利益多样化，有利于解决 CUBA 盈利困难的难题；提供给消费者多元化的服务，增加了用户的体验感，提高了赛事的价值服务和服务水平。

（2）改革机制，推进市场。

阿里体育修改 CUBA 的赛制，更改为主客场制度，2019 年的分区赛同比增长 200 余场，起到了明显的赛事带动作用。在比赛场次增加的同时，前期的投资成本也大幅度增加，但长远来看，主客场制度直播数量的增加会极大地加大曝光度，从而提升赛事知名度。场次数量提高，会提高运动员的竞技水平，使得比赛更具有观赏价值，并且能够带动主场球队的学生关注，推动校园体育文化的建设。

从市场反应来看 2019 年阿里的赛制改革，可以理解为客场制改革，是 CUBA 本赛季场面变得异常火爆的关键原因之一。有了主客场制，不仅球员更加卖力地捍卫主场尊严，就连高校学生和毕业的校友们也纷纷来到现场全力加油。北大主帅张剑说："我从 1985 年开始带队，看到大学篮球这么多年来发生了很多积极变化，特别是今年增加了主客场赛制，让比赛更激烈，CUBA 一直都为大学生提供了表现自己的舞台。"清华大学中锋郭健在赛后发布会上也谈到了这一点，"这个赛季的主客场制让更多清华人了解到自己学校还有这样一支球队，这样的了解也在比赛中转化成为我们更大的凝聚力，让我们变得更团结。"在回顾这一备受好评的主客场赛制改革时,必须归功于阿里体育决心根治 CUBA 多年痛点的改革魄力。自 1998 年创立以来,CUBA 受限于运营经费不足,一直只能实行赛会制,这导致比赛精彩程度大打折扣。而当 2018 年阿里体育以 7 年超 10 亿元的创纪录价格获得 CUBA 运营权后,在原本已经背负了很大投资压力和运营成本的基础之上,仍然义无反顾地宣布推行主客场制,决心打破 CUBA 此前 20 年无法改变的赛制顽疾。本赛季基层赛阶段在 16 个省市率先实行主客场制,这带动了超 10 万名学生走进自己学校的主场为校队加油;同时,八强赛的 8 场比赛也共计带动超过 3 万名学生因为篮球走进了体育馆。教育部学生体协联合秘书处副秘书长、中国大学生体育协会副主席申震对主客场制改革的成效很满意,并表示下赛季还会继续推进主客场制的推广力度。

"互联网＋"的大数据时代,为中国大学生篮球联赛带来了推波助澜的强大发展。得益于数据时代的网络技术,CUBA 官网制作精美,涵盖首页、新闻资讯、各级赛事以及精彩图文,赛事赛程、明星球员排行榜以及赞助商一目了然。大学生篮球联赛官方在微博发起话题"CUBA",通过发起话题引导球迷广泛参与,为中国大学生篮球联赛带来了广泛的讨论度和积极的影响。经过一年多的传播,截至 2020 年 7 月,阅读量达到了 1.8 亿次,更是拥有超过 9.7 万次讨论,官方微博也吸引了 12 万次粉丝关注[39]。新赛季微信公众号,于 2018 年 9 月注册开通,账号主体是中国大学生体育协会,陆续发文三百余篇,持续扩大了大学生篮球联赛在新闻门户网站、体育门户类媒体等的传播。赛事直播方面,中国大学生篮球联赛分别与乐视、优酷有过视频直播合作。乐视体育在获得 2015—2016 赛季独家全媒体版权后,对三个分赛区揭幕战、总决赛以及 24 强之后的所有比赛进行了五百余场直播。优酷拿下媒体运营权后加大了直播场次,为期270天的大学生篮球联赛赛程,为观众带来了两千余场独家赛事转播,超过五千条的赛事集锦,为大学生篮球联赛的赛事品牌提供了非常多的正面报道,同时吸引了大批球迷、篮球爱好者的观看、讨论[40]。

3. 赛事改革助长远发展

在1998年CUBA成功推出之后,为了提高大学生篮球运动水平,2004年中国大学生篮球超级联赛(CUBS)创办,CUBS发展初期凭借政策优势和利好,成为我国竞技水平最高的大学生篮球赛事。经过十年的发展,2015年中国大学生体育协会进行改革,将CUBS并入CUBA,新的联赛将同在CUBA一个品牌下进行,由阳光组、高职高专组和精英组共同构成完整联赛。对于发展近二十年的CUBA而言,这一大的赛事改革,给CUBA的发展带来了竞争格局改变,一定程度上也拓宽了CUBA的发展宽度。

以CUBA东南赛区的男子组为例,改革后的首届(第十八届)CUBA东南赛区男子组的比赛于2016年4月落幕,此次比赛运动员参赛资质发生变化,拥有"注册运动员"的球队共有4支,南京财经大学、上海交通大学、广东工业大学、厦门大学最先运用了2015年的联赛改革政策,位列全国四大赛区首位。其中,广东工业大学一举夺冠;原东南赛区霸主、"9冠王"华侨大学仅获得赛区第5名的历届最差成绩;前全国冠军中国矿业大学更是在基层(江苏省)预选赛中折戟。伴随CUBA赛事改革,东南赛区男子组的竞争格局发生了巨大的变化。以2016年的比赛结果为例,下面我们通过对比近6届东南赛区各参赛队的名次,思考CUBA赛事改革对CUBA赛事发展的影响。

广东工业大学曾获得三次CUBS全国冠军,但在首次参加的CUBA比赛(第十七届)中只获得赛区第5名,无缘全国16强赛(当届为赛区前 4 名出线),而在第十八届 CUBA 中获得了历史性突破,拿到东南赛区的冠军;上海交通大学首次参赛(第十六届)便取得赛区第 10 名的成绩,随后一届(第十七届)进入 8 强,第十八届比赛获得历史新高的赛区第 3 名,冲进了全国 24 强赛;南京财经大学首次参赛即获得江苏省基层预选赛冠军,东南赛区第 6 名,搭上了参加全国赛的"末班车";厦门大学首次参赛同样取得第 11 名的好成绩。我们可以发现,这四所高校利用自身优势,率先运用了"外援"政策,取得了很好的成绩[40]。

华侨大学累计获得过 13 次赛区冠军、9 次全国冠军,是全国公认的 CUBA 强队。但在第十八届联赛中仅取得赛区第 5 名的成绩,若非全国赛参赛名额增加,华侨大学很可能无缘全国赛;中国矿业大学曾获得第十二届 CUBA 全国冠军,在第十七届东南赛区分区赛中获得亚军,而在第十八届 CUBA 东南赛区基层赛中仅获得江苏省第 4 名,无法参加赛区预选赛。我们可以看出,在 CUBA 赛事改革的背景下,部分高校没有跟上改革步伐,对球队的建设没有做出补充、调整和适应,使得球队不能很快适应新的竞争环境,成绩下滑明显。

在第十八届比赛中有三所实力惊人首次参赛的高校,分别是厦门大学、南京财经大学与广州大学。南京财经大学取得赛区第 6,获得参加全国赛的资格;广州大学、厦门大学都是首次参赛即小组出线,并最终取得第 11、12 名的成绩,三所高校都顺利进入排位赛。赛事改革下,原来的竞争格局发生了巨大的变化,新生力量又对东南赛区的竞争格局产生冲击,这为东南赛区的预选赛增添了新的活力,注入了新鲜力量,提高了赛区的整体水平,也鞭策着各个高校不断进步,这将使得 CUBA 赛事越来越精彩纷呈。

华侨大学、中国矿业大学两支传统强队虽然在第十八届赛事中取得的成绩不甚理想,但只要根据赛事改革做出队员储备和建设,仍然是冠军的有力争夺者;宁波大学、浙江大学再次进入四强,依然可以冲击赛区冠军;广东工业大学凭借第十八届东南赛区冠军成功晋升成赛区强队;上海交通大学水平不断攀升,第十八届比赛突围进入4强,有望跻身赛区强队。另外,绍兴文理学院已连续 4 年未进入排位赛,其中 3 年在基层赛中未出线;汕头大学同样连续 3 年未进入排位赛,近 2 年基层赛中未出线;集美大学也已连续 2 年未在基层赛中出线,远远落后于其他对手,急需保证赛区预选赛的参赛资格。伴随着以上种种变化,东南赛区竞争格局悄然地发生了新的变化。

从 2015 年 CUBA 赛事改革后的首届成绩我们可以发现,首先运用联赛改革政策的高校成绩普遍提升,部分传统强队在联赛改革后受到较大冲击,改革后东南赛区的竞争格局发生部分转变。2015 年 CUBA 赛事改革是从我国体育与教育发展的大方向——体教融合的观点出发,顺应时代的发展需求,从长远来说,有利于 CUBA 的健康发展、长远发展。随着体育产业的进一步发展,学校和社会对拥有高水平运动技能的高素质、高学历、复合型人才的需求不断扩大,这也是体育与教育共同的教育培养目标。以往传统的体育后备人才培养方式通常将"专业运动队"与"学校运动队"严格地区分开来,学与训之间的矛盾导致我国很多运动员必须要在"技能"与"学历"之间做出抉择,造成大量的人才流失,进一步导致我们优秀的体育后备人才缺失严重。随着体教融合的逐步推进,高校与地方运动队的逐渐融合接轨,校园联赛"注册运动员"准入制度的改革,以往的联赛竞争格局被打破,进一步提升了联赛的竞争力和发展活力,进一步繁荣了校园文化和体育文化。CUBA 始终坚持"发展高校篮球,培养篮球人才"的根本宗旨,努力实现从校园培养优秀篮球后备人才的发展理念,CUBS 与 CUBA 的联合、CUBA 赛事的改革都使得这些目标慢慢变得可行,对我国体育后备人才的选拔、培养机制产生了深远的影响。

为建立完整而通畅的篮球人才输送渠道，CUBA与CBA开通了选秀通道。通过选秀，越来越多的篮球高水平学生运动员获得加入篮球职业联赛的可能。2016年通过选秀加盟山西汾酒男篮的前太原理工大学男篮队长王洪，曾经得到时任主教练许晋哲的赞赏："王洪的个人技术已经达到CBA水准，欠缺的只是经验，如果进一步努力完善自己，完全有机会进入中国国家队。"中国国家女子篮球队主力队员、WCBA北京首钢队队员邵婷是典型的从校园培养出的高水平学生运动员，邵婷的本科和硕士均毕业于北京师范大学，硕士毕业后进入职业联赛，并在打联赛的过程中完成了自己博士的深造，通过自身过硬的技战术实力入选国家女篮队。以上实例都充分说明，通过赛事的不断改革和发展，如今CUBA中国大学生篮球联赛的竞技水平已达到一定高度，不仅如此，许利民（北京首钢女篮主教练）、许晋哲（前山西汾酒男篮主教练）等都表达过，通过CUBA培养出的学生运动员对战术的理解、执行与创造力方面甚至强于专业运动队常规模式培养出的运动员。

对于专业运动队培养的运动员来说，CUBA赛事改革政策给予了运动员更多发展的可能，给了谋求转型发展的专业运动员一个自我上升的渠道，通过进入高校学习科学文化知识，补齐短板，提高自身综合能力，在高校可以继续实现以前的专业价值和个人价值，同时高校对这类转型运动员也有可观的招生吸引条件，利好双方。专业球员在进入高校提升自身文化知识储备的同时，将专业的训练理念、方法带入所在学校，提升了高校球队的整体实力，提高了CUBA的观赏性。可以说2015年的中国大学生篮球联赛的改革对篮球运动的专业队与高校的资源整合、人才培养等都发挥着积极作用，对中国大学生体育协会的其他分会的赛制改革、准入机制调整等具有重要的引领示范作用。可以预见，赛制改革将推动更多谋求全面发展的专业运动员加入 CUBA,这对于提升中国大学生篮球联赛的观赏性、影响力及品牌价值都会起到积极的作用,这也为 CUBA 的长远发展、健康发展、持续发展奠定了基础。学校与专业队的联合培养模式对于实践"体教结合"具有创造性突破,将进一步扩大我国竞技体育后备人才的选材范围,不仅可以避免竞技体育人才的资源浪费,还会为国家和社会培养更多的高素质人才。

综上,CUBA 即中国大学生篮球联赛,从 1998 年举办首届比赛至今,已成功举办了 25 届。CUBA 不仅是中国体育界顶级篮球业余联赛,更是中国高校体育赛事的品牌赛事。从举办至今,CUBA 在赛事规模、竞赛水平和人才培养方面都取得了很好的发展和成绩。作为高校的品牌体育赛事,CUBA 通过赛事实现了篮球体育文化在高校的渗透和沉淀,促进了篮球运动在社会的传播和开展,CUBA 的赛事赞助和运营也为中国高校体育赛事的市场发展提供了很多借鉴和思考。

第二节　NCAA 赛事的运营

一直以来,美国是公认的竞技体育强国,群众体育基础很好,众多体育赛事形成了很好的市场运营机制,并且能长期良性循环运转。美国竞技体育的市场发展,特别是 NCAA 赛事的市场运作以及后备人才的培养途径值得我们借鉴和学习,美国高校体育赛事的运营经验结合我国高校体育赛事的实际情况,理论上可以探索出体教融合背景下中国式高校体育赛事的市场运营模式。

一、NCAA 的基本情况

美国高校体育的相关活动和赛事是协会共管的方式,美国大学生体育联盟是美国高校体育活动管理最具社会影响力的、最大的、非营利性的体育社会团体,制定美国高校体育、竞技体育活动的主体规章制度,组织、协调和管理着美国高校体育的训练和竞赛。其前身始于美国高校的校际橄榄球规则委员会,由美国校际体育协会更名发展为美国大学生体育联合会。

1906 年,美国大学生体育联盟成立,英文名为 National Collegiate Athletic Association 简称 NCAA。经过不断发展,1950 年后 NCAA 不断壮大,目前约有 1 200 多所大学加入 NCAA,成为美国负责管理大学体育运动的最高机构,也是美国高校会员最多、规模最大、职能最全的高校体育竞赛管理机构。NCAA 明确了美国各个高校大学生高水平运动员的招生、生活、学习、竞赛、升学等方面的具体制度要求,同时通过法律、规章等政策手段对运动员、高校、体育竞赛等高校体育的各个环节进行调控和管理。NCAA 的职责功能比较多,是一个非常庞大的协会组织,大概包括美国高校体育的竞赛、业务、执法、出版、法律服务等内容。

NCAA 里的 1 200 多所高校根据学校的整体竞争力,可以分为 Division Ⅰ、Ⅱ、Ⅲ 三个等级,负责管理不同项目联盟。Division Ⅰ 有 6 000 多个体育团队、350 多所高校、17 万人次的大学生运动员参赛,是三个等级中最具竞争力的等级,可以为学生运动员提供全额体育奖学金;Division Ⅱ 有 300 多所高校,具有一定体育竞争力,也可以提供体育奖学金;Division Ⅲ 有 450 多所高校,体育比赛竞争力比较弱,不能为学生提供体育奖学金。NCAA 的 Division Ⅰ、Ⅱ、Ⅲ 三个等级部门十分注重美国高校大学生运动员的体育竞赛和学习生活的一体性,符合 NCAA 主张的体育运动是高校教育不可分割的重要部分的宗旨理念[41]。经过几十年的有序发展,NCAA 培养了大部分奥运会、世界大赛的奖牌运动员;培养了大批量美国竞技体育的卓越运动员;实现了美国高校的篮球、棒球、橄榄球、冰球等项目联赛的商业化、市场化推广。在 NCAA 的号召和感染下,高校体育赛事数不胜数,橄榄球、棒球、足球、篮球、高尔夫、冰球、击剑、骑术表演、体操、水球、保龄球、射击、室内田径、排球、摔跤、室外田径、长曲棍球、曲棍球、网球、垒球、赛艇、拳击、国家越野、滑雪等比赛也有很高的关注度,收看高校体育赛事成了全国性的大众娱乐活动。

1. NCAA 主体的基本情况

(1) 会员学校的监督管理情况。

NCAA 对美国高校的日常体育相关管理制定了系列规章制度,学校、学生运动员、教练员都必须严格遵守执行,例如学生运动员的资格、招生、代理、药检、财政支持等,一旦会员学校有行为违反规章制度,都将受到相应的处理和处罚。在市场经济的催化和影响下,会员学校为争取更多的自身发展、切身利益和经济利益,使得美国高校竞技联盟面临着不断的解体、重组。例如,有的高校通过联盟解体和重组,与更有实力的高校结合起来,寻求更好的发展台阶。

NCAA 对美国高校的学业监管是比较严格和动态的。美国高校体育的高度价值,一度被认为是"巨大的商业娱乐集团",在经济市场的利益驱动下,美国高校体育也会出现对学生运动员过度关注体育成绩的负面影响和负面倾向。体育竞赛成绩突出的高校,无形中会更具有社会关注度和吸引力,在学校的日常宣传、学生运动员的招生、学校知名度等方面无形中具有一种潜在的优势,同时更可能吸收到一些校友捐赠、社会赞助等福利。体育的教育价值和教育功能在整个学校教育中具有一种特殊、无可替代、独一无二的地位,体育彰显了学生、学校教育的正能量。这与市场导向和驱使的学生运动员重体育轻文化的负面倾向,一定程度上有着相悖的地方,这也与NCAA的宗旨理念背道而驰。因此NCAA一直在强化和推出很多能提高学生运动员文化水平的各类措施。

为保证学生运动员的学业健康成长、提高学生运动员的毕业率而设计的学业成长率,由学业成绩委员会批准和管理,用于评估学校体育团队的学生运动员毕业率、流失率。以四年为一周期,不定期公布各个会员学校的学业成长率,会员学校不能达到学业标准时,学业成绩委员会将承担学业成绩政策的相关处罚,学业成长率低的队伍将受到失去奖学金名额、参赛资格的处罚,学业成长率高的会员学校将得到适当奖励,不公布学业成长率的会员学校,参赛队伍会因此被取消参赛资格[41]。另外学业成长率会根据实际情况而有波动和调整。总之,NCAA一贯坚持、践行的就是学生运动员的身份是学生、运动员两种身份的统一体,学生运动员是参加学校学习获取学位的学生,同时具有一定运动技能,可以成为一位有文化、有素养的运动员。

(2)在校运动员的基本情况。

NCAA运动员的招生和录取,与中国不同,NCAA招生的大学球员来自高中、预科学校、两年制学院等学校机构,按照美国不区分地区、全国统一标准的文化标准进行招生。NCAA考查学生运动员运动能力的同时,十分注重学生运动员的文化成绩,从入学招生开始,就严格管理学生运动员的招生和录取,尽可能使得学生运动员在保障文化学习的基础上,进入大学后同时享受训练、比赛的权利。入学招生规定申请NCAA会员学校时,要完成10门必修课,平均成绩2.0以上,英语课程修满至少3门且符合毕业标准,社会科学、物理学、数学必须修满两年并达到毕业标准水平，高中顺利毕业后，参加全国统一考试智能测验（SAF）至少达 700 分，或者美国全国学院测验（ACT）至少达 15 分[42]。

学生运动员经过考试进入 NCAA 会员学校后，学校在不降低学业成绩标准的基础上，为学生运动员配备文化课指导教师，教师根据队员的文化水平、专业、训练、比赛等时间安排，合理制订和安排运动员的学习与训练。同时 NCAA 也规定学生运动员每天训练时间上限是 4 小时，每星期的上限是 20 小时，统一安排下午训练，每周安排一天休息时间，不进行训练活动，运动员也可以监管教练和学校。另外，NCAA 的赛季集中在年底和年初，会员学校被要求提前合理规划学生运动员的课程、训练、比赛的时间，从而保障会员学校的学业成长率。

（3）NCAA 经费的基本情况。

NCAA 会员学校的经费来源比较充足，主要是依托于 NCAA 的比赛、比赛附属及市场价值转换而来的经济收益。NCAA 赛事的媒体转播、门票收入、产品出售、会费、商标展示、广告等，带来了巨大的经济收益。NCAA 因其很大的社会影响力，是美国第六价值品牌，其市场价值约有 160 亿美元。NCAA 的大部分收入来源也回馈给社会和 NCAA 会员学校，强大的经济保证为 NCAA 的持续发展提供了优越的条件。具体来说，NCAA 会员学校的财政来源主要有三个渠道：美国高校对竞技体育的发展十分重视，基本每个高校都有专项经费来维持体育参赛队伍的日常开支；美国高校校友文化浓厚，每年都有比较大金额的校友捐赠；NCAA 比赛的所有相关收入也为会员学校提供很大的经济帮助。所以，NCAA 联盟能够依靠自身直接获得多方面的经济来源，NCAA 会员学校因为队伍的出色成绩也能获得很多的捐赠、门票、赞助等经济来源。

2. NCAA 的组织特征

在组织属性上，NCAA 具有明显的非政府性、社会性，是一个自下而上建立的高校体育联盟组织。最初是由美国的大学自发而成，慢慢发展更名而来的，在发展壮大的过程中，NCAA 不断吸收了越来越多的美国高校加入，设立联盟章程，重点解决当时比较突出的高校体育竞赛场的暴力、职业化、电视转播等现实外部问题，监督、规范会员学校的竞技体育比赛，维护会员学校的竞赛公平和机会均等，维护、平衡联盟会员学校的集体、个体利益，保障会员学校的自身利益主张。NCAA 具有的民间色彩，使得联盟会员高校可以向 NCAA 制订的联盟规则提出意见反馈和投票权。例如，1946 年建立的《大学竞技体育行为规范》没有经过会员高校投票成立，最终被废除。NCAA 这种会员自我监管、自我发展的特性，使 NCAA 得到了全体会员单位的高度认可和支持。现如今的 NCAA 已经是美国最具影响力的学校体育联盟组织，其制订的学校竞技体育的规则是所有会员学校都必须遵守执行的最高纲领。

在管理方式上，NCAA 的会员高校采用分级分类管理方式，采用委员会决策、常设机构操作执行的决策模式。经历了一百多年的发展，NCAA 的管理机制、运行机制不断地进行自我完善，形成了以地域为特点的大学体育联盟组织，如"PAC12 联盟""常春藤联盟""大十联盟"。NCAA 根据会员学校和联盟整体实力，分为 Division Ⅰ、Division Ⅱ、Division Ⅲ三个等级，各个等级都有自己独立的管理机构和职能，共有 150 多个委员会，委员会成员从不同代表性、不同专业性的会员机构中产生，主要由联盟高校校长、下属联盟负责人、高校体育工作负责人、教练和学生运动员代表组成[43]。不同的委员会代表有明确的职责分工和代表性，联盟高校校长代表组成 NCAA 最高领导委员会，对整个 NCAA 的所有相关事项行使最高决策权。委员会下设理事会、各类专业委员会,专业委员会主要对职能领域的专项事务进行管理,针对会员单位利益诉求、各种问题等提出修订建议,负责具体的决策支持和执行,理事会则代表最高领导委员会表决决策,接受最高领导委员会的监督。NCAA 以及 Division Ⅰ、Division Ⅱ、Division Ⅲ 三个等级机构的组织设置基本类似,NCAA 有从上至下的层级结构,加以 Division Ⅰ、Division Ⅱ、Division Ⅲ 三个等级机构独立的从上至下的层级机构,能更深入细致地保障不同水平、不同地区联盟的发展和需求,以及 NCAA、联盟高校、学生运动员的共同利益,同时能有效地管理数目庞大的会员高校,使 NCAA 能保持持续、健康的发展。

二、NCAA 联赛的文化属性

1. 体育与教育理念的高度融合发展

美国是一个崇尚体育和自由的国家,体育与教育在个人发展中,始终是一种有机结合的发展状态。美国的学校和社会重视体育的教育价值,崇尚通过体育使学生获得人生的成功体验,培养全面发展的人是美国竞技体育的终极目标。在这样的社会背景下,美国的体教融合推进一路顺畅。美国自始至终对学生运动员都有着严格的学籍管理规定,进而保障和实现学生运动员文化素质、运动成绩的全面发展,使学生运动员群体的体育与教育融合发展,避免两者的剥离。同时,学校有解决运动员学习与训练矛盾的各种方法机制,营造一流的学习环境、提供很好的运动设施,使得教练员也能够比较合理地安排好运动员的学习与训练。另外,社会大众、学校、学生等各个不同群体对学生运动员的体育竞赛成绩有着很高的社会认可。学生运动员作为成功榜样的激励作用,使美国各级各类学校有越来越多的学生热衷体育运动,热切地希望成为学生运动员,享受因为自身成就而获得的社会认可。良好的社会体育氛围和社会认可,使得美国的教练员选材面非常广,选择余地非常大。此外,频繁的校际竞赛也直接推动着学校体育和大众体育的发展,形成了一个良好的学校体育循环圈层。强大的社会运动俱乐部、良好的学校体育为美国体育后备人才的培养提供了强有力的支撑,社会运动俱乐部与学校运动队互为补充,保证了美国体育后备人才的大容量、大体量规模。

2. NCAA 体育教育的核心宗旨理念

美国大学生运动员的体育竞赛成绩突出,美国其他各类世界体育竞赛的成绩也是以高校竞技体育为基础而取得的,这也是美国区别于其他绝大多数国家的一个典型特点。美国高校的竞技体育在美国整个竞技体育的发展中有着主导地位,同时有着上与下的连接作用。伴随着美国高等教育的发展,美国的大学竞技体育已有百年历史,从自发的校际间的交流赛到联盟赛,再到具有一定规模和组织的系列赛事,美国大学竞技体育的发展始终是伴随着美国大学教育的教育属性而发展的。在这样的背景下,美国大学竞技体育的发展基本是良性发展的,这也为 NCAA 的诞生,以及它的持续发展提供了很好的历史条件。通过美国大学竞技体育,培养了很多优秀的运动员,他们的成长为美国竞技体育的发展提供了高质量的后备人才来源。NCAA 的出现逐步实现了美国竞技体育与高等教育的融合发展,成为全世界体教融合的典型范例。NCAA 的发展宗旨是美国高校要通过发展校际竞技体育项目,引发美国大学生的体育热潮和运动参与,以体育为媒介载体,发展大学生、学生运动员的身体能力、领导力、竞争力,促进学生的全面发展。大学生运动员的学业完成、竞技发展、健康成长、全面发展是 NCAA 体育工作的重要任务和首要原则。NCAA 坚持教育第一,贯彻体育为教育服务的核心宗旨理念,明确了一系列保障宗旨理念的措施,时刻确保大学生运动员的学生属性,美国体育教育的重点关注是学生运动员的健康成长、终身成就。

NCAA成立的基本职责功能主要是通过协会章程、决策决议,研究美国各个体育联盟和高校的实际竞争力、发展情况,建立联盟规程,保持美国高校体育和竞技体育的高质量发展。具体包括以下职能工作的开展:保持竞技体育与学校教育的不可分割,保持运动员是学生群体的统一体,区别高校体育与社会职业体育的不同发展重点,激发培养学生运动员的体育能力,促进学生体育与教育的全面发展,激发学生的运动参与,维持校际体育遵守协会规则,监督校际体育比赛日常工作,建立区域与全国体育赛事的标准,组织校际体育比赛活动等有关美国大学体育发展和赛事的相关事项。

3. 赛事品牌的差异化策略定位

美国有着良好的社会体育氛围,优秀的运动员来自各行各业。NBA赛事的疯狂、NCAA赛事的青春、体育赛事的多姿多彩构成了美国的体育风景线。有别于其他体育赛事,NCAA有着自己独特的差异化策略:第一,极力保证NCAA赛事的业余性,所有参赛运动员均来自各个学校,凸显了它的学校体育赛事性质,NCAA赛事的经济收益与参赛运动员没有直接关联,NCAA运动员主要依靠学校奖学金提供经济赞助;第二,对运动员的训练有严格规定,要求教练员要充分合理地安排好运动员的学习、生活与训练的时间,充分保证运动员有充足的时间进行学习,同时保证在规定时间内科学安排训练计划,提高运动水平,这也是NCAA所特有的赛事差异和魅力之处;第三,赛程赛制安排上的差异,NCAA在受众群体上与美国其他赛事有略微区别,为吸收观众的关注,NCAA适当错峰其他职业联赛,例如,NCAA篮球联赛决赛基本安排在每年三、四月份,决赛采用单败淘汰制,异常激烈,吸引了大量观众,甚至超过了职业联赛的常规赛。

三、NCAA 赛事的流行传播媒介

1. NCAA 的巨大商业影响力

以美国 NCAA 篮球联赛的"疯狂三月"为例,美国 NCAA 篮球联赛常规赛在三月初结束后,晋级队伍将进行全国单淘汰赛,直至争冠赛,提高了比赛的激烈程度和精彩程度。比赛的不确定性和"黑马"的爆出,极大地刺激着观众的神经,吸引着大众的关注,三月份全美高校、全美人民的目光焦点都集中在 NCAA 篮球联赛的争冠赛上。根据 2015 年的福布斯品牌排行,NCAA 篮球联赛排名全球体育赛事品牌价值榜第六名,商业影响力和商业价值仅次于世界杯足球赛,超过了欧洲冠军联赛、美国职业棒球大联盟(MLB)等体育赛事。根据 2017 年 Statista 数据公司的统计来源,NCAA 篮球联赛的赛事广告收入大约为 12.85 亿美元,其商业价值远远超过很多国际体育大赛。2019 年根据 SportsPro Media 的报道统计,德州理工大学对阵弗吉尼亚大学的篮球联赛吸引了 7 万多名观众,整个三月份的联赛观看人数累计超过 1 亿人次,观看时长累计超过 2400 万小时,连续 20 年成为同时段最受欢迎的美国体育赛事。在联赛期间,每个美国人民都与三月的篮球联赛息息相关,校友会到场为母校队伍加油,群众爱好者也会抽挤时间观看比赛,没有参加比赛的普通群众都以各种形式参与到整场比赛中,成为比赛的一员。在决赛当天,美国一般都不会举办其他大型体育比赛,以便更好地吸引观众,方便观众观赛。

2. NCAA 明星球员的价值影响力

明星球员对 NCAA 篮球联赛的宣传价值和影响力有时候甚至超过了篮球联赛的影响力,观众关注精彩的比赛,甚至更关注明星球员的个人发挥。现今在队的 NBA 球员有绝大部分都来自 NCAA 联赛队伍,NCAA 也完美实现了美国高校竞技体育与职业体育发展的无

缝对接。很多篮球名校都有自己的明星运动员,乔丹、大鸟伯德、欧文、库里等都是 NCAA 的明星运动员,并成为 NBA 的球队主干。明星运动员的个人能力发挥有决定比赛输赢的作用,球场上明星运动员带来的绝杀时刻、绝地反击能即刻引爆现场观众的赛事情绪,烘托比赛气氛到绝对高点。明星运动员对于 NCAA 三月赛事的媒体传播有着很大的价值作用,因为明星运动员的个人能力、个人魅力将炙手可热的 NCAA 赛事推向更加狂热的三月。2011 年,美国总统奥巴马现身为航母卡尔·文森号加油,为队伍的后续比赛很好地增势助威。毕业的迈克尔·乔丹也现身为母校北卡罗来纳大学加油助威,深厚的母校情节也带动了 NCAA 联赛的母校文化情节。2016 年安德玛与加州大学洛杉矶分校签署了价值 2.8 亿美元的赞助合同,明星运动员的商业价值和影响力难以估量。

3. NCAA 良好的体育环境铺垫

体育是美国群众心目中具有很高认可度的一个社会影响力事件,民众对于体育的情感寄托甚至远超宗教、政治等。美国有很多良好的大学资源,城市间的流动与学校间的交流,体育成为美国民众间最有归属感的一种交流方式。例如,美国公立名校弗吉尼亚大学的篮球队——骑士队,口号"Wa Hoowa"。学校所在社区和小镇群众都以骑士队作为一种精神荣耀,号称自己是"Hoos",表达出对骑士队无限的喜爱,篮球的体育文化精神将多元的美国人民愉快地协调在一起学习、生活、工作。体育精神中开拓、进取、奋进、追逐的体育品格,在美国精神文化中都有不同程度的渗透和隐现。篮球项目是美国大学、竞技体育中重要的一个体育项目,美国大学篮球体育文化的建设和发扬,随着美国 NCAA 竞技水平的发展,不断地丰富和渗透到各个细节。NCAA 每个篮球队都有自己独特的标识、口号和吉祥物,NCAA 篮球联赛为每一个美国大学生提供了挑战自我、对抗竞争、彰显自我的梦想舞台。有在场上比赛的竞技享受,有在场边观看的竞技参与,每一个大学生都有一个篮球梦想实现的舞台。NCAA 篮球联赛有着很高的商业价值和联赛魅力,在得到商业经济价值兑现的同时,又充分表达了大学生篮球梦想的热爱和激情。

竞技体育输赢的不确定性以及 NCAA 联赛的全民竞猜,极大地提升了篮球联赛的精彩和疯狂。2014 年美国总统奥巴马接受采访时也曾公开过对联赛的竞猜,人们怀着好奇心和热情,热衷于对联赛的博彩竞猜,这种全民竞猜把很多观众都紧紧地关联到联赛中。人人都能忘我地投入联赛中,人们沉浸于篮球联赛的游戏之中,享受着这份竞猜游戏的快乐,充分感受到在篮球联赛中的自我存在和个人彰显,由此沉浸在 NCAA 篮球联赛的愉悦氛围中。全民竞猜、媒体报道对 NCAA 篮球联赛起到了助推作用,增加了篮球文化在观众心目中的附着力和影响力。

4. NCAA 良性的经济循环

NCAA 无疑是成功的商业化、市场化推广模式,NCAA 成功实现了高校体育的市场运营,经济市场反馈给美国高校体育更多的财政支撑和发展空间。NCAA 逐渐将篮球、棒球、橄榄球、冰球等一系列美国高校体育联赛,打造成美国著名的体育品牌赛事。NCAA 的非营利性、独立性,使得联赛开展有着天然的自主优势,但也面临着经济来源的局限。NCAA 的成功在于 NCAA 在坚持体育与教育主体统一的宗旨理念下,保证了美国大学体育竞技的业余性,同时实现了NCAA 品牌赛事的市场推广和品牌塑造,成功的市场运营为 NCAA带来了巨大的经济反馈效益。NCAA 基于成立的初衷和非营利性,将市场收益返还回馈给会员高校,投入美国高校体育运动队的日常管理和建设中。另外,参加联赛的会员高校也可以从联赛的门票、转播、广告等收入中得到部分可观利润,将所得收入投入高校体育的教学、训练、奖学金中,更好地丰富高校体育资源。高校体育提供更好品质、更高水平的竞技比赛,与 NCAA 和联赛市场形成一个很好的良性经济循环。例如,2010 年,NCAA 与特纳广播公司、哥伦比亚广播公司签订协议,一份主要针对电视、互联网转播的协议,创收100.8 亿美元。2016 年 NCAA 实现 9.95 亿美元的营业收入,2017年首次突破 10 亿美元。NCAA 通过门票、品牌塑造、电视转播、冠名及赛事附属产品销售等途径,获得了很好的赛事投资回报率。随着市场的不断成熟、赛事的不断发展,目前 NCAA 的整体运营已与NBA 的运营无明显差异。

5. NCAA 的赛制魅力

NCAA 属于非营利性自发组织的美国大学体育联盟机构,NCAA 良好的运营管理归功于自身民主健全的协会规章。NCAA 对运动员有明确的参赛资格规定,学生运动员不能私自接受商业赞助,达到条件后学校会提供足额奖学金保证运动员的学习生活,达到学业成绩要求才能获取参赛资格。NCAA 非营利性特点,使得 NCAA可以自主将经济收益大部分用于美国高校体育教育的发展,帮助大学生参与体育运动,以奖学金的形式资助部分学生实现体育梦想。NCAA 每个联赛项目都有独立的竞赛委员会,负责联赛的所有赛事事项,遵从于 NCAA 自身的业余性、体育与教育的融合性等自身特点,NCAA 竞赛规则的制定更贴近大学生。另外,在赛制方面,NCAA 重点阶段在大学体育竞赛,但也有比较完善的由下往上的赛制衔接系统。小学生可参加区域性、全国性的青少年赛事,高中生可以继续参加全国性的中学体育联赛(NSAA),个人能力突出的运动会逐渐被大众关注。经过选拔和学业成绩测评,优秀的学生运动员进入大学继续实现个人梦想。这种连接紧密的小、中、大学的学校体育培养体系,可以为 NCAA 输入源源不断的新鲜血液,为 NCAA 的

高质量发展、高质量比赛提供保障,NCAA 的系列联盟规则为 NCAA
的推广提供了坚实的政策保障。

四、NCAA 赛事的管理运营

发展到目前,NCAA 是美国会员高校最多、职能功能最健全的、
非营利性的学校体育联盟,不隶属于任何职能部门,具有明显的民主
独立性。对外工作开展直接对接职业俱乐部、美国奥委会,对内工作
开展享受完整的独立管理权,内部管理都按照联盟委员会制定的协
会制度实行,不会受到政府、利益相关组织、校友、捐赠团体和其他个
体的干预和影响。

1. 社会化的市场经济管理模式

美国联邦政府没有设立竞技体育的直管机构和组织,其体育市
场主要由社会化的组织、团体和机构负责。例如社会体育组织、相关
体育联盟、民间体育机构等,其中影响力比较大的机构有美国奥林匹
克委员会、职业联盟、美国中学体育协会、美国大学体育协会。美国
竞技体育的发展伴随着市场经济的导向发展,并以此形成了比较稳
定的循环发展。美国中学生体育协会和大学生体育协会是独立的非
政府组织,对美国教育阶段的学生运动员有很好的作用,对美国教育
阶段的体教融合有强有力的推动和支持作用。其工作内容和主要职
责是比赛的组织、赛事电视转播权的谈判、运动员的招收、体育奖学
金的准则制定等。职业体育是美国竞技体育高水平代表,美国职业
体育的成功典范主要有美国国家橄榄球联盟(NFL)、MLB、NBA、国
家冰球联盟(NHL)。美国职业体育联盟体制的制度主要包括职业体
育与法律法规的结合、职业体育政府规制、职业体育联盟的产业体
制、职业体育赛事转播制度、职业体育联盟的劳资关系、职业体育反
垄断豁免制度、职业体育联盟管理模式、职业体育仲裁制度等内容。

美国竞技体育社会化管理模式主要表现有四个方面的特征：①三大球竞技体育组织具有不同的社会化职能，统辖不同竞技体育活动，分权管理特点明显；②三大球竞技体育组织的管理主体之间相互牵制、相互协作，共同促进美国竞技体育的持续成长；③通过立法《业余体育法》提出竞技体育组织运作的纲领，完善的法律法规体系保障良性运展；④竞技体育组织与美国职业体育紧密衔接，社会化的竞技体育组织具有很强的自我调控能力[44]。

2. 成熟的美国职业体育联盟体系运作

美国职业体育联盟形成了法律与职业体育的结合、管理模式、政府规制、劳资关系、转播制度、反垄断豁免制度、产业体制、仲裁制度等多个方面的成熟运作体系。

美国职业体育联盟是经营权和所有权分离的，这样有利于减少职业体育联盟与各职业球队在运营中的现实矛盾，使其在相对和谐的环境中保持长期、健康的发展。同时，美国职业体育联盟形成了关系密切、客观公正的法律环境，有利于促进联盟之间的竞争、均衡和发展。职业体育联盟在美国市场经济导向发展的过程中，逐步形成了完备的法律、规章体系，同时也逐步形成了成熟的管理模式、运行机制，可以称之为当前职业体育组织管理商业运作的范例。

3. 学校式一体化的人才培养模式

美国竞技体育以学校为中心，是学校式一体化的人才培养模式，形成了体教融合完整的培养机制。以教育为依托，从幼儿园到大学，学校重视体育的教育价值，积极鼓励学生参与体育运动，通过体育塑造完整的人格，实现全面发展。美国竞技体育的人才培养有着联系紧密的三层"金字塔"结构，中小学竞技运动人才构成了"金字塔"的"塔基"，大学竞技运动人才构成了"金字塔"的"塔身"，大学竞技运动的一部分和职业体育共同构成了"金字塔"的"塔尖"。因此可以说美国的中学是后备人才培养的摇篮,而大学是高水平运动员、后备人才学校阶段发展的最高级阶段。

以学校为中心的美国竞技体育人才培养模式是保障美国竞技体育可持续成长的基础,这种人才培养机制具有四个特征:①美国重视通过体育运动培养人的全面发展,高度重视体育教育与学校教育的齐头并进,进而实现体育人才的文化素质与运动成绩的全面发展;②社会对学生取得体育竞赛成绩的价值实现认可度比较高,学生运动员对同伴的榜样影响力比较大,促进了美国竞技体育水平的持续提高;③社会体育俱乐部与学校运动队相结合的方式,扩大了培养体育后备人才的方式、规模;④美国竞技体育人才培养体系本质上是以学校教育为依托,从小学、中学到大学无缝衔接的人才培育路径。

4. 有效的人才激励保障措施

有效的激励机制为学生运动员的长期稳定发展提供了直接经济保障,通过政府支持、奖学金设立、社会赞助等多种形式给予学生运动员相应的经济支持,让他们能够更好地专注于学习和训练比赛。NCAA 根据学生运动员的学习成绩、运动水平,设立了优厚的奖学金,并采取了一定的均衡化政策,对人数给予了相应的规定。另外,NCAA 成立了运动科学研究机构(Sport Science Institute),为学生运动员的身体健康考虑,合理建议科学的训练方法和训练方案,为学生运动员的人身安全提供科研和技术保障,降低学生运动员的运动伤病。同时,联合会还增加了专门针对学生运动员的保险保障计划,为运动员重大比赛以外的伤害事故提供资金救济,为学生运动员提供更多的经济支持。

第六章

中国大学生羽毛球锦标赛的发展现状

第一节　中国大学生羽毛球锦标赛赛事简介

一、中国大学生羽毛球锦标赛的管理结构

中国大学生体育协会(FUSC)成立于1975年,现隶属教育部,是经民政部审核批准、具有法人资格的国家级体育社团;是中华全国体育总会、亚洲大学生体育联合会(AUSF)以及国际大学生体育联合会(FISU)的会员单位。如图6-1所示,协会的最高权力机构是会员大会,任期四年。会员大会的执行机构是委员会,其职责是在闭会期间领导本协会开展日常工作,对会员大会负责。1975年,中国大学生

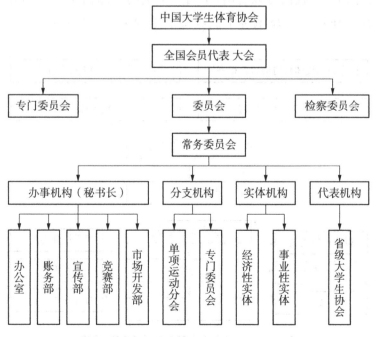

图6-1　中国大学生体育协会组织结构

体育协会正式加入世界大学生体育联合会。不同于美国的职能性分支构架,中国大学生体育协会按照运动项目和相关的执行工作需要设立了35个项目性分会和执行机构,中国大学生体育协会的分支机构是各单项体育分会。中国大学生体育协会现下设35个分支机构,分别为足球分会、游泳分会、乒乓球分会、篮球分会、体育舞蹈分会、民族传统体育分会、射击分会、击剑分会、排球分会、冰雪运动分会、健美操与艺术体操分会、赛艇与龙舟分会、舞龙舞狮分会、棒垒球分会、橄榄球分会、攀岩分会、棋类分会、定向运动分会、网球分会、羽毛球分会、桥牌分会、手球分会、自行车分会、国防体育分会、柔道分会、跆拳道分会、空手道分会、海上运动分会、登山分会、荷球分会、毽球分会、田径分会、新闻工作委员会、职业教育学校体育工作委员会和高校体育发展战略研究工作委员会。

从图6-2我们可以看出,中国大学生羽毛球协会主要由教育部学校体育协会联合秘书处下属管理的中国大学生体育协会、国家体

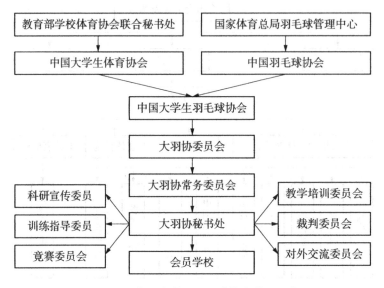

图6-2 中国大学生羽毛球协会管理结构

育总局羽毛球管理中心下属管理的中国羽毛球协会联合管理。中国大学生羽毛球锦标赛主要由中国大学生体育协会主办,中国大学生体育协会羽毛球分会协办,具体单位和组织支持开展,具体会员学校承办比赛的组织模式。中国大学生羽毛球锦标赛从设置以来,基本是每年举办一届,是检阅我国大学生羽毛球运动水平的盛会。赛事由中国大学生体育协会批准,全国多所高等院校共同参与,至今已经成功举办了25届。

二、中国大学生羽毛球锦标赛的赛事规程

从中国大学生羽毛球锦标赛开赛以来,比赛名称分别以全国大学生羽毛球锦标赛和中国大学生羽毛球锦标赛命名,本教材通篇以中国大学生羽毛球锦标赛展开研究。本节以第二十三届中国大学生羽毛球锦标赛规程为例,对中国大学生羽毛球锦标赛的赛事规章做详细介绍和说明。

第二十三届中国大学生羽毛球锦标赛规程[45]

一、主办单位

中国大学生体育协会。

二、执行单位

中国大学生体育协会羽毛球分会。

三、支持单位

中国羽毛球协会。

四、承办单位

湖南人文科技学院。

五、比赛日期和地点

日期:2019年7月19日—7月24日。

地点:湖南人文科技学院。

六、参加单位

全国普通高等学校(邀请香港、澳门、台湾地区高校参加)。

七、比赛项目

1. 甲组:男、女团体,男、女单打,男、女双打,混合双打。

2. 乙组:男、女团体,男、女单打,男、女双打,混合双打。

3. "校长杯":男子团体、男子单打、女子单打、男子双打、混合双打。

八、参加条件

(一)参赛学校

报名参加本届中国大学生羽毛球锦标赛的学校,必须是中国大学生体育协会羽毛球分会会员学校(非会员学校须在赛前办理入会手续)且符合以下条件之一:

1. 教育部批准的具有建设羽毛球高水平运动队资格的学校;

2. 举办过(含举办本届)中国大学生羽毛球锦标赛的高校;

3. 体育高等院校(含高校二级体育学院);

4. 香港、澳门、台湾地区高校;

5. 参加"校长杯"比赛的运动员不受上述限制。

(二)参赛人数

1. 以学校为单位,每个单位各组别可派1个队,每队可报男、女运动员各7名。每个单位可报校领导1名,领队1名,教练2名。

2. 参加"校长杯"比赛的领导名额不限。

(三)基本条件

报名参加本届中国大学生羽毛球锦标赛的运动员,必须符合以下条件:

1. 具有中华人民共和国国籍的公民,并按照教育部关于全国普通高等学校招生、录取的有关规定,经考生(户口)所在地高等学校招生委员会(办公室)审核录取,且已进入教育部高校学生司"全国高校新生录取及在校学生学籍管理系统(数据信息库)"中的本校在校全日制学生。

2. 思想政治进步,遵守运动员守则,文化课考试合格,经运动员所在学校医院检查证明身体健康并适宜参加羽毛球运动比赛者。

3. 在教育部学生体育协会联合秘书处正式履行中国大学生运动员注册手续,并经审核通过者。

4. 所有属于成人高等教育系列的学生和体育运动技术学院学生,以及由这些学校转入普通高等学校的学生,均不得参加本届中国大学生羽毛球锦标赛。

5. 2019年毕业生可以参加本届中国大学生羽毛球锦标赛,2019级新生不得参赛。

6. 参赛运动员必须为18~28周岁,即(1991年1月1日—2001年12月31日期间出生者)。

7. 香港、澳门、台湾的参赛运动员不受上述1、3条限制。

(四)凡在中国羽毛球协会正式注册的运动员(15周岁生日前注册者除外)和有国际羽联排名的运动员及入学前曾代表省、自治区、直辖市、特别行政区、市、俱乐部、行业5体协、企业或以个人身份参加(报名)下列比赛之一者,均不得参加本届中国大学生羽毛球锦标赛甲组的比赛。

1. 全国运动会(含预赛、预选赛、资格赛、积分赛等属于全运会名义的比赛);

2. 中国羽毛球协会主办的全国青年羽毛球锦标赛(含)以上赛事;

3. 国际羽联、洲羽联举办的国际比赛。

（五）参加甲组比赛运动员资格

1. 必须符合以上（三）（四）条件者；

2. 入学前必须有中等学校学历。

（六）参加乙组比赛运动员资格

1. 必须符合以上（三）条件者；

2. 具有参加甲组比赛资格的运动员可以参加乙组比赛。

（七）每个运动员只能参加一个组别的比赛。

（八）参加"校长杯"比赛运动员资格

现任或退职校院领导（副厅局级及以上），现任教育系统省部委副厅局级及以上领导。

曾经是上述人员，但现已调离高校及教育系统任职的人员谢绝参赛。

九、注册办法

1. 所有参赛运动员必须以运动员所在学校为单位在《中国学生体育竞赛管理系统》（www. nssc. org. cn）进行网上注册。

2. 参赛运动员所在学校的学校管理员需登录《中国学生体育竞赛管理系统》（www. nssc. org. cn）进行运动员和教练员网上注册。详见《中国学生体育竞赛管理系统》首页的"系统使用者必看"和"IE浏览器调整"中的相关规定。

3. 注册时，需按要求填写教练员信息、运动员信息，上传参赛运动员本人的学生证（电子版）、第二代身份证件（电子版）、近期免冠一寸照片（照片需根据网站要求调整尺寸大小）等有关材料。注册工作联系人：孙变丽、李阳，联系电话：010 - 66093753、66093749。

十、报名和报到

（一）报名

1. 本届比赛实行网络一次报名，所有参赛运动员须完成"第九条注册办法"后方可进行报名。

2. 所有报名信息通过微信公众号提交,各参赛单位于2019年6月25日前完成微信端报名。各校领队报名时先关注"中国大学生体育协会羽毛球分会"微信公众号,点击页面下方"赛事报名",根据实际参与项目,选择"学生单项/学生团体/校长单项/校长团体"比赛,点击"领队报名"进入报名页面,按提示填写相关报名信息完成报名:①按校名创建队伍;②领队(或教练员)注册并审核;③系统审核通过后,添加报名选手信息(可微信分享页面链接由选手自行填写报名个人信息);④按项目选择参赛选手;⑤报名成功,在选手页面可以看到选手姓名和头像;⑥上传学校领导签字、学校盖章的报名表(见附件2-3)。微信报名咨询:吴菁瑛13818188404。

3. 参加"校长杯"比赛运动员须在7月17日8:30前向组委会确认是否参赛,逾期不予受理;报名时须指定一名代理人,确定联系电话,全权负责参加"校长杯"比赛运动员与组委会联系,以保障比赛顺利进行。

4. 甲组,团体比赛每单位限报男、女团体各一队,每队必须至少4人报名;单项比赛,每单位限报男、女单打各2人,男、女双打各2对,混合双打2对,每人至多报两项。

5. 乙组,团体比赛每单位限报男、女团体各一队,每队必须至少4人报名;单项比赛,各单位限报男、女单打各2人,男、女双打各2对,混合双打2对,每人至多报两项。

6. "校长杯"团体比赛以教育部、省、自治区、直辖市为单位,每单位限报一队,每队至少6人至多12人报名,女子可报名参加男子团体比赛;单项比赛,每人至多报两项。男子双打、混合双打运动员可自由组合,也可经抽签决定配对。

7. 报名表上须有主管校领导签字并加盖学校公章。

8. 运动员资格公示。凡报名参赛的运动员名单按组别将于报名截止后一周内在中国大学生体育协会网站(http://www.sports.edu.cn)予以公示。

(二)报到

1. 报到时间:2019年7月17日至18日16:00前(7月18日16:00召开教练员、裁判长联席会)。

2. 参加本届比赛的所有人员须由所在单位在当地保险公司办理"人身意外保险"(含往返赛区途中和比赛期间),未办理者不得参加比赛。各单位报到时,须向组委会交验的运动员证件有身份证、学生证、健康证明、保险公司保险单据、《自愿参赛责任及风险告知书》(见附件4),现场将进行指纹录入。

十一、抽签时间及地点

1. 甲组抽签于2019年7月初在湖南人文科技学院举行。

2. 乙组抽签于2019年7月17日下午在湖南人文科技学院举行。

3. "校长杯"抽签于2019年7月17日下午在湖南人文科技学院举行。

十二、比赛办法

(一)团体赛

1. 甲组比赛分甲A、甲B两级进行。参加甲A级比赛的为上届获得甲A级比赛前12名和获得甲B级比赛前4名的队伍,共16支代表队;如出现空缺,则按上届比赛甲B级第5~8名、上届比赛甲A级第13~16名的顺序依次递补至补足16支代表队为止。其他学校代表队参加甲B级比赛。

2. 本届中国大学生羽毛球锦标赛甲组团体赛实行升降级制——4升4降,即本届比赛甲A级第13~16名下届比赛降至甲B级,本

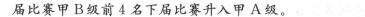

届比赛甲B级前4名下届比赛升入甲A级。

3. 比赛采用第一阶段分组单循环和第二阶段交叉淘汰制的办法决出名次。甲A级决出1～16名,甲B级决出1～8名;乙组、"校长杯"四分之一决赛负者为并列第5名,半决赛负者为并列第3名,决赛决出冠、亚军。如报名队伍少于6支,则采用单循环的比赛办法决出名次,单循环的比赛顺序采用"1　固定的逆时针轮转法"。

4. 甲组比赛均采用三场二胜制,出场顺序为单打、双打、单打(运动员不得兼项)。

5. 乙组比赛均采用三场二胜制,出场顺序为单打、双打、单打(运动员不得兼项)。

6. 甲、乙组比赛中,运动员未经大会医务人员确认因伤病不能继续比赛而放弃比赛的,则该队当场比赛判0∶2负并取消其后所有比赛(其后所有比赛均以0∶2记)。交换出场运动员名单时,一方出现违规错误,则该队当场比赛判0∶2负。

7. "校长杯"比赛采用五场三胜制,出场顺序为双打、单打、双打、单打、双打(运动员可以兼项但不得兼同一项目)。

8. "校长杯"比赛每队至少4人参赛,本队人数不足的双打比赛以本队弃权处理,本队无人参加的单打比赛以本队弃权处理。如比赛结束时双方总比分为2∶2,则以胜局多的一方为胜;如胜局相同,则以得小分多的一方为胜;如双方得小分相同,则经抽签决定胜负。

(二) 单项比赛

1. 甲、乙组各项均采用单淘汰制,抽签办法按羽毛球规则进行,四分之一决赛负者为并列第5名,半决赛负者为并列第3名,决赛决出冠、亚军。

2. "校长杯"比赛各项均采用第一阶段分组单循环和第二阶段交叉淘汰制的办法决出名次。四分之一决赛负者为并列第5名,半决赛负者为并列第 3 名,决赛决出冠、亚军。报名少于 6 人(对)的项目采用单循环的比赛办法决出名次,单循环的比赛顺序采用"1 固定的逆时针轮转法"。

十三、规则与用球

1. 采用中国羽毛球协会审定的最新《羽毛球竞赛规则》。"校长杯"采用 15 分制,即每局先得 15 分者为胜,三局两胜,其他规则同前。

2. 比赛用球:中国羽毛球协会批准的国内正式比赛用球,品牌、型号另行通知。

十四、录取名次与奖励

1. 团体:各项均录取前 8 名。甲 A 级前 3 名颁发奖杯和金、银、铜牌及证书,4～8 名颁发证书,前 3 名上台领奖;乙组前 3 名颁发奖杯和金、银、铜牌及证书,并列第 5 名颁发证书,前 3 名上台领奖;甲 B 级前 3 名颁发奖杯,1～8 名颁发证书,前 3 名上台领奖。

2. 单项:各项均录取前 8 名,冠军颁发奖杯、金牌和证书,2～3 名颁发银、铜牌和证书,并列第 5 名颁发证书,前 3 名上台领奖。

3. "校长杯":各项均录取前 8 名,前 3 名颁发奖杯和金、银、铜牌及证书,并列第 5 名颁发证书,参赛者均颁发纪念奖,前 3 名上台领奖。

4. 设"体育道德风尚奖"(详见体育道德风尚奖评选办法)。

十五、仲裁与资格审查

1. 在中国大学生体育协会领导下,仲裁委员会全权负责对运动队的赛纪赛风、技术代表、临场裁判的工作进行监督和评议等。委员会主任及委员人选由中国大学生体育协会及中国大学生体育协会羽毛球分会选派。

2. 各校应对本单位报名参赛的运动员资格进行严格、认真的审查,按照本规程有关规定,严格把关,杜绝违反运动员资格的规定、弄虚作假、冒名顶替等不良行为。各队领队、教练要对运动员资格确实负责。

3. 本届比赛设资格审查委员会,审查和监督运动员资格问题,裁委会协助实施。

十六、技术官员选派

正、副裁判长、编排长和国家级裁判员由中国大学生体育协会及中国大学生体育协会羽毛球分会共同选派。参赛队运动员报名人数6人(含6人)以上的须选派一名一级以上裁判员参加裁判工作,否则须向组委会交纳裁判费1000元。领队、教练、运动员不得兼报裁判员。

十七、竞赛纪律与规定

执行教育部学生体育协会联合秘书处制定的《全国学生体育竞赛纪律处罚规定》。

1. 对违反资格规定的运动员、运动队,依据《全国学生体育竞赛纪律处罚规定》给予处罚,并予以全国通报批评、视情节停止其所在学校羽毛球参加全国大学生比赛。

2. 为防止出现违反体育道德和竞赛纪律的行为,维护公平竞赛的原则,各运动队报到时须缴纳保证金3000元。对无违反体育道德和竞赛纪律的运动队,赛后归还保证金。

3. 各运动队对于违反运动员资格规定的问题享有申诉权。申诉队须向资格审查委员会递交由领队签名的正式书面意见并附证明材料,缴纳申诉费2000元。资格审查委员会审查认定申诉有效,退还申诉费,否则申诉费不退还。

4. 参加"校长杯"比赛运动员应该遵守中央八项规定精神及教育部、各省(自治区、直辖市)、本校院相关规定。

十八、经费规定

1. 所有人员的往返差旅费自理。

2. 参赛费：所有报名人员每人80元。

3. 食宿费：赛会期间，运动员、技术官员、参赛单位领导、领队、教练员、工作人员等每人每天180元（编内人员）；编外人员自理。

4. 中国大学生体育协会羽毛球分会会费缴纳另行通知。

十九、本规程解释权属中国大学生体育协会，未尽事宜另行通知。

仔细总结分析近几届中国大学生羽毛球锦标赛规程，我们发现不同会员高校承办中国大学生羽毛球锦标赛时，比赛日期、报名和报到要求、注册办法、抽签时间及地点、用球、技术官员选派、竞赛纪律与规定、经费规定等方面略微有所不同，参加单位、比赛项目、参加条件、比赛办法、规则、录取名次与奖励、仲裁与资格审查等方面基本相同。随着中国大学生羽毛球锦标赛的一次次成功举办，在具体实施过程中，规程细则越来越细化，各项细则内容都在一步步地完善当中，赛事体系越来越健全。

三、近十三届中国大学生羽毛球锦标赛的参赛规模

从近十年的参赛单位、学生运动员参赛人数、行政领导运动员参赛人数来看，中国大学生羽毛球锦标赛的参赛规模比较稳定，并且呈现出一定的增长态势。从表6-1我们可以看到，从2007年开始，比赛每年举办一次，由不同的会员学校承办，具有很好的连续性，2020年在全国疫情严峻的情况下，比赛停办一年，此后，继续进行。比赛的持续连贯、一定的参与规模，使得中国大学生羽毛球锦标赛的影响力在持续增加和扩大。第二十四届中国大学生羽毛球锦标赛在四川成都举办了丁组级别的高水平羽毛球比赛，吸引很多羽毛球爱好者

的关注,并且开通了网上注册观看端口,说明中国大学生羽毛球锦标赛的赛事影响、赛事体系、赛事级别、赛事水平都在一步一步地提高和完善。

表 6-1　近十三届中国大学生羽毛球锦标赛参赛数据

届数	年份	地点	承办单位	参赛单位/个	参赛人数/人	校长杯
11	2007	广西桂林	桂林电子科技大学	40	400	—
12	2008	陕西西安	西北工业大学	—	—	—
13	2009	宁夏银川	北方民族大学	63	312	46
14	2010	江苏南京	南京财经大学	82	560	60
15	2011	云南昆明	昆明理工大学	80	466	71
17	2013	湖南长沙	湖南师范大学	91	758	100
18	2014	北京	北京工业大学	86	666	66
19	2015	宁夏银川	北方民族大学	81	558	83
20	2016	内蒙古鄂尔多斯	鄂尔多斯环境职业技术学院、鄂尔多斯众康体育文化传播有限公司	66	645	100
21	2017	湖北武汉	武汉商学院	93	615	147
22	2018	湖北黄冈	黄冈师范学院	85	691	277
23	2019	湖南娄底	湖南人文科技学院	107	677	141
24（丁组）	2021	四川成都	双流赛区委员会双流区人民政府	20	156	—
25	2023	山东青岛	青岛市城阳区教育和体育局、青岛市城阳区体育发展中心、青岛城阳城发体育文化产业发展有限公司	47	600	—
25（丁组）	2023	吉林长春	吉林大学	30	300	—

第二节　中国大学生羽毛球锦标赛的媒体推广情况

　　中国大学生羽毛球锦标赛自 1996 年起至今已成功举行了二十五届,作者通过访谈中国大学生体育协会羽毛球分会的部分负责人、高校部分教练员、高校部分学生运动员、赛事媒体工作者、承办高校体育工作人员以及对以往中国大学生羽毛球锦标赛赛事的资料进行分析,了解近些年中国大学生羽毛球锦标赛的媒体宣传推广情况。第十三届中国大学生羽毛球锦标赛于 2009 年由北方民族大学承办,比赛只有当地一两家新闻媒体有新闻报道。第十五届中国大学生羽毛球锦标赛于 2011 年由昆明理工大学承办,当地主流媒体云南电视台、昆明电视台以及湖南先锋兵羽频道等国内媒体对比赛开幕式进行报道,后续比赛仅有湖南先锋兵频道对赛事进行简单的跟踪报道。第十八届中国大学生羽毛球锦标赛于 2014 年由北京工业大学承办,由于有北京的地域优势,赛事有《人民日报》(2014 年 7 月 22 日 14 版)的赛事报道,CCTV5 的体育新闻有播出赛事新闻。第二十届中国大学生羽毛球锦标赛于 2016 年由鄂尔多斯环境职业技术学院、鄂尔多斯众康体育文化传播有限公司承办,开幕式当天有开幕式节目表演,当地鄂尔多斯广播电视台有进行赛事报道。但由于承办地点相对比较偏远,对比历年参赛单位数目,此次比赛的参赛单位明显减少,内蒙古鄂尔多斯当地的高校和学生运动员占比比较高。第二十一届中国大学生羽毛球锦标赛于 2017 年由武汉商学院承办,有新华社、人民日报、光明日报、中新社、新浪网、中央人民广播电台等十余家新闻媒体参加了新闻发布会,并进行报道。第二十二届中国大学生羽毛球锦标赛于 2018 年由黄冈师范学院承办,教育部机关党委副书记、纪委书记沈国华,湖北省政协副主席王红玲,中国大学生体育协会副主席华爱军,中国大学生体育协会工会主席陈晓华,中国大学生体育协会羽毛球分会主席颜吾偁,湖北省体育局局长胡功民,湖北省教育厅副厅长张金元,黄冈市市长邱丽新、副市长陈少敏,前世界冠军、中国羽毛球队原副总教练田秉毅等领导出席开幕式,现场有十余家媒体进行新闻报道。第二十三届中国大学生羽毛球锦标赛于 2019 年由湖南人文科技学院承办,此届中国大学生羽毛球锦标赛是港澳高校参赛队伍最多的一届,仅香港地区就有 8 所高校参加,CCTV5、湖南卫视、湖南教育电视台、湖南省教育厅新闻网、新湖南、湖南红网、娄底电视台公共频道、娄底日报、网易新闻、今日头条等新闻媒体相继宣传报道,湖南红网直播的开幕式、闭幕式点击浏览量超过 40 万人次,湖南卫视的开幕式新闻报道网上浏览量突破千万人次,澳门大学运动员与湖南人文科技学院参赛队员共同录制微视频。

从中国大学生羽毛球锦标赛历年的媒体宣传推广情况我们可以发现,随着信息技术的发展,信息传播渠道越来越通畅、快速。得益于时代的发展和科技的进步,国内新闻媒体对中国大学生羽毛球锦标赛关注的数量在逐步增加,中国大学生羽毛球锦标赛赛事报道的情况越来越好。但是更多的新闻媒体把报道的注意力集中在开幕式、闭幕式或新闻发布会上,比赛开始后,对现场比赛的赛事跟踪报道比较少,这也是中国大学生羽毛球锦标赛得不到很好的媒体宣传的原因之一。另外,相对于大部分喜爱羽毛球项目的高校大学生来说,暂时不能解决因为地理位置受限而不能现场观看中国大学生羽毛球锦标赛比赛的问题,再加上没有国内新闻媒体对赛事的后续跟踪报道和赛事直播,中国大学生羽毛球锦标赛的观众规模难以达到一定数目,赛事的影响力就只能大部分时间停留在一个固定的高度,赛事得不到很好的宣传推广。中国大学生羽毛球锦标赛的媒体宣传效果一般,不能深度吸引新闻媒体对赛事进行全方面、持续性的报道,这也是中国大学生羽毛球锦标赛走向市场的一大阻碍。

第三节　中国大学生羽毛球锦标赛的赞助现状

以中国大学生羽毛球锦标赛的部分赛事企业赞助情况统计为例,对中国大学生羽毛球锦标赛的赛事赞助情况进行分析。如表 6 - 2 所示,2010 年第十四届中国大学生羽毛球锦标赛由洋河酒业和南京胜利体育有限公司赞助,洋河酒业以资金为主要赞助形式,南京胜利体育有限公司以实物赞助为主要赞助形式,南京财经大学承办;2011 年第十五届中国大学生羽毛球锦标赛由云南大昌股权投资管理有限公司赞助,以资金赞助为主要赞助形式,昆明理工大学承办;2012 年第十六届中国大学生羽毛球锦标赛由石家庄英利体育用品有限公司与桐乡波力科技复材用品有限公司赞助,以实物赞助为主要赞助形式,桂林航天工业学院承办;2013 年第十七届中国大学生羽毛球锦标赛由石家庄英利体育用品有限公司与桐乡波力科技复材用品有限公司赞助,以实物赞助为主要赞助形式,湖南师范大学承办;2016 年第二十届中国大学生羽毛球锦标赛由石家庄英利体育用品有限公司与桐乡波力科技复材用品有限公司赞助,以实物赞助为主要赞助形式,鄂尔多斯环境职业技术学院和鄂尔多斯众康体育文化传播有限公司承办;2017 年第二十一届中国大学生羽毛球锦标赛由东风雪铁龙赞助,以资金赞助为主要赞助形式,武汉商学院承办;2019 年第二十三届中国大学生羽毛球锦标赛由尤尼克斯(上海)体育用品公司赞助，以实物赞助为主要赞助形式，湖南人文科技学院承办。

表 6-2　中国羽毛球锦标赛赞助情况

年份	届数	承办单位	赞助单位	赞助形式
2010	第十四届	南京财经大学	洋河酒业、南京胜利体育有限公司	资金、实物
2011	第十五届	昆明理工大学	云南大昌股权投资管理有限公司	资金
2012	第十六届	桂林航天工业学院	石家庄英利体育用品有限公司、桐乡波力科技复材用品有限公司	实物
2013	第十七届	湖南师范大学	石家庄英利体育用品有限公司、桐乡波力科技复材用品有限公司	实物
2016	第二十届	鄂尔多斯环境职业技术学院、鄂尔多斯众康体育文化传播有限公司	石家庄英利体育用品有限公司、桐乡波力科技复材用品有限公司	实物
2017	第二十一届	武汉商学院	东风雪铁龙	资金
2019	第二十三届	湖南人文科技学院	尤尼克斯（上海）体育用品公司	实物

从近几年的赛事来看，对中国大学生羽毛球锦标赛赛事赞助的企业主要是民营企业，国有企业极少，大部分的企业赞助都是以实物赞助为主要赞助形式，以资金赞助为主要赞助形式的只有两三届比赛。2011 年第十五届中国大学生羽毛球锦标赛由云大昌股权投资管理有限公司赞助，以资金赞助为主要赞助形式，赞助金额为 50 万元。2017 年第二十一届比赛是以资金赞助的形式赞助，这与东风雪铁龙的企业背景有很大关系，该企业主要从事汽车制造和汽车销售，主营业务与羽毛球比赛基本没有什么联系，该企业对中国大学生羽

毛球锦标赛进行赞助,分析可能主要得益于对当地羽毛球产业的支持、对企业品牌形象的宣传需求以及中国大学生羽毛球锦标赛在武汉当地举行的东道主优势需求和支持。我们基本可以看出,与中国大学生羽毛球锦标赛有羽毛球产业关联的赞助企业主要以实物赞助为主要赞助形式,实物赞助主要以地板胶、器材、标语、横幅、奖杯等为主,与羽毛球产业没有关联业务的赞助企业主要以资金赞助为主要赞助形式。据多所承办高校的数据来源分析,成功顺利举办一届中国大学生羽毛球锦标赛的赛事费用在 100 万元以上,目前企业的赛事资金赞助略显不足,不同企业赞助额度区别还比较大。另外,由于中国大学生羽毛球锦标赛的承办高校遍布全国各地,实际上企业对中国大学生羽毛球锦标赛大部分比赛的赞助延续性和稳定性一般,这也给中国大学生羽毛球锦标赛赛事开展造成了一定程度上的资金困难。所以,目前中国大学生羽毛球锦标赛的赛事资金来源,主要还是依靠财政拨款、承办高校出资,部分来源于企业赞助和参赛代表队的比赛报名费用。因此,需要顺利实现中国大学生羽毛球锦标赛的市场化推广,赛事需要进一步拓宽赛事资金来源。

第四节　中国大学生羽毛球锦标赛的赞助企业分析

从表 6-3 可以看出,一次中国大学生羽毛球锦标赛的顺利举办,需要的各种硬件和软件条件都比较多。学生运动员、教练员、裁判员、赛事工作人员的衣食住行、医疗安全、安保工作等需要大量的人力、物力、财力条件。第十五届中国大学生羽毛球锦标赛,云南大昌股权为主要赞助公司,以资金赞助为主要形式,赞助金额为 50 万。

远远达不到一次中国大学生羽毛球锦标赛成功举办的费用标准,其他参与赞助的企业主要以实物赞助为主,并且以企业生产的商品为主要赞助实物。结合近些年的赞助情况,我们也可以看出,目前一次中国大学生羽毛球锦标赛的赛事赞助是以一个主要赞助企业为主,其他赞助商参与配合,没有形成主要赞助商之间的良性竞争,相对来说企业的赞助热情一般。从企业性质来看,赞助商主要是民营企业,由于企业性质的不同,决定了不同企业对赛事赞助的态度不一,国企对待赛事赞助的态度更为保守。从企业规模来看,大型企业和小型企业都不多,主要以中型企业为主要赞助企业,大型企业的品牌形象和企业影响力相对已经比较稳定和持久,不存在通过赛事赞助急需扩大企业影响力的刚需;而小型企业则由于各方面体制、体系的不健全,对于赛事赞助塑造企业形象的意识不强烈,或者受企业规模的限制考虑,没有足够的资金和实物赞助比赛。从赞助企业的行政归属地来看,赞助商以中国大学生羽毛球锦标赛承办地点的企业为主要赞助商,而且基本都是当地的企业,外省赞助商极少,其中石家庄英利体育用品有限公司与桐乡波力科技复材用品有限公司跨省对不同高校承办中国大学生羽毛球锦标赛的赞助比较积极,赞助具有较好的连续性和稳定性。从赞助企业的主营业务来看,赞助商不仅仅是与羽毛球产业、体育产业有关联业务的企业,房地产、通信、教培、食品、投资等行业的企业都有不同程度的赛事赞助,这说明中国大学生羽毛球锦标赛的赛事具有一定的社会影响力,能吸引不同行业的企业进行投资,也说明通过赛事赞助扩大企业品牌的社会影响力,逐渐被企业所认识并接受。中国大学生羽毛球锦标赛的企业赞助具有一定的优势和可行条件,但总体来说,企业的赞助热情和积极性还没有被充分调动,应该说中国大学生羽毛球锦标赛的赛事推广和商业化发展还有很大的努力空间。

表6-3　第十五届中国大学生羽毛球锦标赛企业赞助情况

企业	企业性质	赞助形式	赞助持续性
波利科技	民营	实物赞助	较好
云南大昌股权	民营	资金赞助	一次
石家庄英利体育	民营	实物赞助	较好
善名体育	民营	实物赞助	一次
天外天饮用水	民营	实物赞助	一次
中国电信	国企	实物赞助	较好

第五节　中国大学生羽毛球锦标赛的组织管理

中国大学生羽毛球锦标赛举办至今,中国大学生体育协会羽毛球分会对比赛的组织管理日渐娴熟,承办学校的选择、日常组织工作的开展、裁判长和裁判员的选调都十分熟悉。从中国大学生羽毛球锦标赛的顶层设计和上级管理来看,中国大学生羽毛球锦标赛的组织体系日趋成熟。但是中国大学生羽毛球锦标赛基本都是中国大学生体育协会羽毛球分会根据高校的申办意向择优选择,由不同的高校承办,对于大部分高校来说,基本都是第一次承办中国大学生羽毛球锦标赛,重复多次承办中国大学生羽毛球锦标赛的高校基本没有。承办高校基本只能从同行高校学习办赛经验,客观上也存在办赛经验不足的问题,因此在比赛开始后各方面的组织管理工作还是存在很多的不足。通过实地调查、专家访谈、问卷等形式对大羽赛的参与人员和工作人员进行调查,了解中国大学生羽毛球锦标赛组织管理各方面的细节工作,可以从当前存在的不足和问题当中,找寻解决方案。从赛事安排的衣食住行方面来看，大部分运动员对比赛的住宿安排、餐饮安排是持肯定态度的，认为高校承办方提供的食宿条件都可以很好地满足运动员日常需求，这也得益于赛事在高校举行，高校具备食宿安排的学校优势，这也是其他职业体育赛事所无法比拟的优势。从比赛场地的硬件条件来看，由于大部分高校日常具备的羽毛球场地基本只能满足本校教学和训练的需求，所以存在为了承办中国大学生羽毛球锦标赛，临时搭建场地的情况，把其他综合性场馆进行改造、铺设羽毛球地板胶，用来应对中国大学生羽毛球锦标赛的场地需求，这样的场地大部分存在一定的风险和问题。比如有运动员反映比赛过程中，地板胶突然开裂需要维修，打乱了比赛节奏，延缓了比赛；或者有部分场地达不到标准羽毛球场地的高度要求，限制了一些运动员正常水平的发挥。从比赛的赛程安排来看，大部分运动员反映比赛时间安排很紧，赛程节奏紧凑，比赛场次安排不尽合理，运动员的比赛强度比较大，比赛多的运动员，一天有将近 4 场比赛，这在一定程度上容易造成运动员的运动损伤，影响比赛的整体水平提升。赛程安排紧促，也有可能是由于赛事赞助资金有限，比赛的整体可用经费有限，为了缩减比赛开支，采用缩短比赛时间而考虑的。从比赛的裁判水平来看，大部分高校由于第一次承办中国大学生羽毛球锦标赛，本校的羽毛球专业人才并不多，满足不了中国大学生羽毛球锦标赛的赛事需求，大部分高校会采用志愿者的方式，抽调或选取部分普通学生进行羽毛球裁判培训，充当中国大学生羽毛球锦标赛的司线裁判员，因为司线裁判员的裁判培训缺乏一定的专业性，缺乏裁判实践积累，面对中国大学生羽毛球锦标赛的高水平比赛节奏，往往存在很多的误判或漏判。从赛事的普通志愿者服务来看，大部分高校因为各类活动或比赛都比较多，基本都有学生志愿者服务团队，专门为学校的各类活动提供志愿者服务，团队有常见的志愿者服务培训,团队规模也比较稳定,因此,大部分承办高校提供的志愿者服务都反映很好,这也是职业体育赛事所无法比拟的高校优势。

第六节　中国大学生羽毛球锦标赛的冠名情况

从中国大学生羽毛球锦标赛举办以来,大部分的比赛都由赞助企业进行了赛事冠名,如十一届的"动感地带杯"、十三届的"凯胜杯"、十四届的"蓝色经典杯"、十五届的"大昌杯"、十六届的"桂航杯"、二十一届的"东风雪铁龙杯"、二十二届的"新七建设杯"、二十三届的"工商杯"、二十四届的"相约幸福成都"等,冠名企业基本都是当次赛事的主要赞助企业,其中大部分冠名企业的主营业务与羽毛球产业、体育产业的业务联系并不多,可以说明中国大学生羽毛球锦标赛举办历史悠久,赛事平稳推进,已经具有一定的高校赛事影响力。从冠名企业的规模可以看出,大部分中国大学生羽毛球锦标赛赛事冠名企业的企业规模都属于中型企业,赞助企业具备一定的实力。

第七章

中国大学生羽毛球锦标赛商业化运作的可行性分析

第一节　羽毛球市场消费潜力庞大

随着市场经济的快速发展,信息技术和人工智能的不断涌现,人们的生活方式逐渐在发生改变,市场规律也随之发生变化,经济市场由原来的卖家主导逐渐发生改变,买家的主导地位逐渐凸显,市场营销和效应围绕着消费者需求而展开。以 2018 年 4 月 22 日的上海国际半程马拉松赛为例,北京贵士信息科技有限公司(QuestMobile)基于 GPS 以及 Wi-Fi 探针等基于位置服务(LBS)数据源,选取了 2018 年 4 月 22 日上海国际半程马拉松赛当天沿线的移动互联网用户进行观察,发现上海半程马拉松比赛吸引外地用户超 10%,主要为周边省份和北深一线城市。以 2017 年欧冠小组赛季的比赛为例,QuestMobile 数据显示,2017 年欧冠小组赛季期间,以腾讯体育 APP 为例,10 月日均活跃用户数环比 9 月增长 124%,11 月环比 10 月增长 41%。2018 年 3 月欧冠淘汰赛期间,活跃用户数环比上月增长 15%,数据说明体育赛事对体育资讯 APP 用户活跃拉动效果显著,体育赛事的线上和线下影响力效果明显。人们对体育赛事的关注度如此之高,商家当然会重视如此巨大数量的潜在体育消费群体,而且体育赛事中的电视广告带来的收益是其他广告媒介难以企及的。所以,有眼光的合作商都会抓住体育赛事的这一特点,与其目标观众进行宣传互动。此外,对大多数商家来说,牢牢把握住大学生这一消费群体,是快速、有效占领市场份额,培养潜在消费群体的重要手段[46]。到 2022 年为止,我国共有普通高等学校两千六百余所,在校大学生约四千万左右,在企业注资民办高校蓬勃发展的今天,高校的数量会越来越多,这是高校体育赛事推广的大蛋糕,也是吸引有实力的大企业投资高校体育赛事的重要方面[47]。艾媒咨询(iMedia Research)对 2021 年中国大学生消费现状的数据显示,2021 年中国大学生年度消费规模预计超 7 000 亿元,消费潜力大,消费前景十分广阔。高校大学生人数规模巨大、消费水平高,了解大学生的日常消费,就能在市场竞争中占领先机,获得直接、明显的经济效益。所以,对大学生云集的、贴近大学生学习和生活的高校体育赛事进行投资,用其进行自身品牌或企业产品的宣传,在大学生当中传播自身企业形象,建立大学生的企业品牌好感,也能为市场竞争赢得更多的大学生潜在客户群体。我们也可以这样说,高校体育赛事的推广之所以被广泛看好,主要在于高校体育赛事的市场推广符合市场运作规律,符合市场营销规律。

目前,我国羽毛球运动参与人数超过 2.5 亿人,并且带动了羽毛球市场的消费,市场规模也在不断增加。2014 年以来,我国羽毛球行业市场规模呈现上升的趋势。2014 年,中国羽毛球行业市场规模为 257 亿元;到 2019 年,羽毛球行业市场规模达到 348 亿元,复合增长率为 6.25%。随着羽毛球运动的发展速度加快,越来越多的高校大学生也选择羽毛球运动作为健身和锻炼的主要项目之一;越来越多的高校在体育课程中都开设了羽毛球选修课,并且选课人数爆满,名额难求;羽毛球选修课慢慢成为当前大学生十分喜爱的体育选修课之一;越来越多的高校都建设了综合性体育场馆,铺设专业的羽毛球场地;越来越多的学生喜欢羽毛球项目,校园空地和操场上到处都有打球的身影。在这样的市场背景条件下,对中国大学生羽毛球锦标赛进行赛事推广、市场运行,将获得十分广阔的市场前景和巨大的市场消费潜力群体。

第二节　赛事影响力日渐扩大

我国的体育产业属于朝阳产业,慢慢地在市场经济中发挥出价值和作用,体育赛事产业的发展,也慢慢在起步发展并逐渐稳定,如中国大学生篮球联赛的发展,就证明了高校体育赛事的市场价值和市场优势。高校因为大学生的集中性、规模性、扩散性,为体育赛事的宣传和传播奠定了一个天然优势,以大学生为个体可能辐射到的家庭成员都是高校体育赛事的幕后潜力观众,这个庞大的数目是任何其他赛事都无法比拟的。另外,高校体育赛事主要面向的观众是大学生群体,大学生有着朝气蓬勃的标签:年轻、阳光、激情、活力、奋发、向上……,都赋予了高校体育赛事无与伦比的自然优势。从竞技体育专业水平来看,高校体育赛事与专业、职业的竞技体育比赛相比较,水平存在一定距离,但高校体育赛事所传达的不仅是一种体育竞技的魅力,更是高校体育所特有的一种文化和自信,会带给观众全新的视角享受和精神愉悦。高校体育赛事的影响力有着区别于其他赛事的、特有的生命感悟和影响力。

足球、篮球、排球作为高校体育赛事市场推广比较顺利的赛事,经过多年的探索和实践,已经具有一定的赛事影响力,对高校其他体育赛事的商业化运作有着重要的经验启示和帮扶作用。随着时代的进步、社会的发展和人们生活水平的提高,为了满足群众和大学生对文化娱乐生活的美好需求,中国大学生体育协会可以在群众基础比较好、社会普及面广的项目中,进一步实现高校体育赛事的市场化运作。这些新型体育项目在满足学生与观众需求的前提下,将丰富高校体育赛事的内容和项目,拓宽我国高校体育赛事商业化运作的对象,扩大我国高校体育赛事商业化的运作规模,最终形成高校体育赛事商业运作的集团效应,扩大赛事影响力。

羽毛球选修课在高校大学生中非常受欢迎,高校大学生羽毛球的水平也跟着水涨船高,中国大学生羽毛球锦标赛的竞技水平也越来越高。从近几年的参赛规模和数据来看,中国大学生羽毛球锦标赛在中国东西南北不同地区、不同类型的高校都有承办,高校承办羽毛球锦标赛的热情比较高,赛事在社会面和高校面的影响力在不断扩大。参赛单位明显呈现上升趋势,参赛学生运动员也明显增加,同期举行的校长杯比赛人数也在不断攀升,说明中国大学生羽毛球锦标赛在慢慢扩大影响力。另外,中国大学生羽毛球锦标赛的竞技水平也在不断提高,以 2021 年在成都举行的第二十四届中国大学生羽毛球锦标赛为例,其举办的丁组比赛,云集了多位国内羽毛球一线运动员,其竞技水平堪比羽毛球竞技体育专业水准。

第三节　赛事运营成本不高

消费水平一定程度上就是消费者消费能力和购买能力的直接体现,消费者在一定的资金承受范围内,对商品提出需求,市场营销围绕消费者的商品需求而开展,营销的作用是帮助商品成功吸引消费者的注意力,进而满足消费者的需求。中国大学生羽毛球锦标赛在市场推广的过程中,因为高校体育赛事的自身属性,本身具有赛事市场化推广的天然优势:第一,大型国际体育赛事或其他职业体育联赛,其比赛的赞助费、广告费、冠名费等费用往往比较高,只有资金实力雄厚的企业和商家有机会参与,中小企业往往是望而却步,而中国大学生羽毛球锦标赛市场推广的整体运营成本不高,对想通过体育赛事扩大品牌影响力的中小企业和商家来说,是一个很好的选择和渠道。第二,在中国大学生羽毛球锦标赛市场推广的过程中,高校的大学生是第一观众群体,基于赛事的前期宣传和本土效应、高校大学生的在校规模人数,再加上羽毛球项目在高校的受欢迎程度,在高校举办的大学生羽毛球锦标赛,基本不用担心观众的规模和数量,浓郁的比赛氛围和运动员高超的技战术水平,会给现场观众带来很好的观赏性,观众观看比赛的热情也会随之高涨。第三,高校是一个教育场所,有着浓厚的文化气息、丰富的校园文化和体育文化,中国大学生羽毛球锦标赛大部分都是在高校自己的学校体育场馆里举行。根据一份市场调查报告显示,87%的人愿意花钱去高校体育场馆看比赛,10%的人愿意免费去高校体育场馆看比赛,仅 3%的人表示对高校体育赛事没有兴趣。从这些数据中可以看出,高校体育赛事的市场推广对大部分人有一定吸引力,中国大学生羽毛球锦标赛对大学生有一定吸引力。

第四节　赛事推广有重要的商业价值和教育价值

开展体育赛事是学校体育事业的重要工作内容,在高校进行中国大学生羽毛球锦标赛的赛事市场推广,会为学校体育工作带来资金支持,直接从经济角度促进学校体育事业的发展,体现了中国大学生羽毛球锦标赛极强的商业价值[48]。并且,中国大学生羽毛球赛事的市场推广还会联动赞助、场地、器材等经费支持,从而形成高校与企业、高校与市场之间良好的经济循环,兑现市场商业价值。最后,高校自身有积极的影响倡导能力,赛事平台会更加宽广,对于体育赛事的推广有着极大的促进作用,能够更方便地做好宣传工作,间接地创造学校和企业的品牌商业价值。

德智体美劳全面发展始终是学校培养学生的基本要求,学生将来的学习、生活和工作都是建立在强健体魄的基础上的。高校通过承办学生喜欢的羽毛球比赛,再将中国大学生羽毛球锦标赛进行市场推广,扩大校园影响力,能形成良好的校园体育文化。用文化熏陶的形式对学生进行潜移默化的影响,引导学生热爱羽毛球、热爱体育,更积极更主动地参与体育运动,从而强身健体,有效提升身体素质和面对今后挑战的能力。学校的体育工作也可以借助这样的契机,对学校体育工作进行改革和探索,提高学校体育工作的效果质量。总体来说,中国大学生羽毛球锦标赛的市场推广对高校来说有着重要的教育价值,对于高校体育教育工作有着直接或间接的促进作用。

第五节　培养羽毛球竞技体育后备人才

自北京奥运会成功举办以后,国家的体育发展计划发生了一些转变,从之前注重奥运金牌的竞技体育发展,逐渐转移到国家群众体育水平、全民健身计划和体教融合等方面。在目前转型发展的阶段,体育部门、教育部门关于体育与教育的融合发展都要做出很多适应性的工作改变,以及在培养体育后备人才方面的工作改革。体教融合回应了体育和教育发展过程中很多的现实问题：全国青少年的体质健康如何提升、学校教育如何培养竞技体育后备人才、体育与教育如何实现融合推进等问题。从体育部门和教育部门的工作发展来看，体教融合推进、高校体育赛事稳步提升，可以通过小学、初中、高中、大学的学校体育教育和学校体育训练融合，利用从小学到大学具有教育属性的体育赛事平台，培养大量的中国体育竞技人才，这是我国体育发展的趋势，也是新时代我国建设体育强国的必然要求。

在体教融合的持续推进中，在竞技体育后备人才的培养过程中，体育部门和教育部门在体育后备人才的培养诉求上，从自身部门的工作发展和需求来说，出现了不同的诉求。体育部门希望提高体育后备人才的基层数量，明显提升数量储备，从大量的基层体育人才中可以更充分地选拔出各类项目的优秀、高质量的体育人才。基层体育后备人才的数量储备强大也说明群众体育发展比较好，社会体育的整体发展势头比较好，从侧面对我国体育后备人才的选拔和培养也有深远的双向促进作用。教育部门在学校体育竞赛方面希望体育后备人才能代表学校取得优异成绩，学校培养的体育后备人才竞技水平提高一方面能为学校争夺体育荣誉，另一方面也能丰富学校的校园体育文化，激励和感染更多的师生参与体育运动，促进学校体育的发展。学校体育赛事的市场运作，是推进体教融合的一个途径，是学校体育工作在新发展阶段的一种创新和发展。我国学校体育赛事的市场运作，类似于美国 NCAA 的发展，从长远来说，可以实现教育部门和体育部门在竞技体育后备人才的培养目标和利益诉求方面达成一致。从运动员的自身发展来说，在体教深度融合的体制背景下，学生运动员的学业成长和运动水平提高都是同步实现的，成为全面发展、运动水平高的综合型人才。例如 CUBA 的大学生篮球运动员通过"选秀"制度可以进入 CBA，目前通过这种赛事平台进入竞技体育职业发展的学生运动员虽然不是很多,但对我国竞技体育后备人才培养是一种十分利好的开始,也是一种可以稳定、持续发展的模式。中国大学生羽毛球锦标赛在中国大学生体育协会的整体把控下,进入市场经济运作,在赛事开展和赛事管理上都具有一定的灵活性和自由性。在竞技体育后备人才培养上能融合体育部门和教育部门的利益诉求。从学校体育中培养的羽毛球后备人才一部分进入大学继续深造,一部分进入羽毛球竞技体育后备队伍;进入大学深造的羽毛球学生运动员在大学里能选择专业进行专业学习,具备一定的专业技能。大学四年的高校学习和体育训练,羽毛球技战术水平进一步提高,大学四年后可以根据自身发展进入合适的工作岗位。优秀的大学生羽毛球运动员也可以通过选拔的渠道进入羽毛球竞技体育后备队伍中,选择在职业羽毛球发展的道路上继续深造。中国大学生羽毛球锦标赛的市场推广,能够获取更多的社会力量和社会资源,从经济、专业水平和渠道上可以为大学生羽毛球运动员提供更优越的外界环境。

第八章

中国大学生羽毛球锦标赛
商业化运作的优化路径

第一节　培育体育氛围，营造赛事环境

培育良好的赛事氛围，可以为中国大学生羽毛球锦标赛提供良好的赛事环境，能很好地推动中国大学生羽毛球锦标赛的发展，加快实现中国大学生羽毛球锦标赛的商业化推广。赛事氛围的营造可以围绕学校的体育文化、社会的体育氛围和完善的市场体系三个方面进行。

一、营造浓厚的校园体育文化

校园体育文化的建设可以通过学校体育代表队、学校体育联赛带动学校体育参与，丰富校园体育文化。在校园体育里要慢慢建立和拥有一些有实力、有影响力的学校体育代表队，依托自身实际条件，形成几个项目稳定的学校体育联赛。一群热爱体育、参与运动的大学生群体，营造出浓烈、激情的体育文化校园氛围，在校园里逐步建立起学校体育联赛、体育传播运营机构。同时这些现代大学体育发展的要素相互交织，奠定了现代大学体育发展的基础。发展中的大学体育联赛可以展现高校的竞争性，展现大学生的蓬勃朝气，也是大学生相互交流沟通的媒介。因为体育参与过程中有强烈的凝聚力、共有的群体意识，无形中形成了一种浓厚的校园体育文化氛围。浓厚的校园体育文化有助于更多的学生参与到体育活动中，直接有利于营造良好的赛事氛围，赛事的举行又能反馈建设校园体育文化氛围，进而很好地实现了体育文化对大学育人的积极推动作用。校园体育文化的建设和发展，要通过不断的措施加强和沉淀累积。中国大学生羽毛球协会可以和大、中、小学联合携手,发挥协会的作用,积极走入校园,走入学生,加强羽毛球运动的宣传推广工作。营造羽毛球运动"健康第一"的教育理念,带给学生一种全新的体育认识和学习生活方式,开启学生的羽毛球生活方式,让羽毛球运动成为学校校园的健康生活方式之一。同时,利用羽毛球明星、羽毛球各类赛事活动,加强羽毛球与学生、教练员、学校之间的互动和交流,打造一种羽毛球校园文化。浓厚的校园体育文化、浓厚的校园羽毛球氛围,直接为羽毛球这项运动提供了很好的校园基础和发展基础,可以动员更多的学生和学校喜欢羽毛球,参与羽毛球运动,这将为羽毛球运动的人才选拔和赛事发展提供很大的发展潜力和发展前景,并能持续不断地促进羽毛球运动的发展。

二、营造良好的体育社会价值导向

日本家庭重视对孩子的体育教育,他们认为体育训练在强身健体的同时,对孩子的性格塑造、奋斗目标确立、交流合作、看待得失等方面都有积极的教育意义。在日本,拥有一个喜欢体育、有体育特长的孩子会被家长视作荣耀,在各个类型、各个级别的体育比赛现场,随处可见为孩子现场加油助威的家长后援团,全家庭成员的参与和支持也是孩子持续参与体育运动的强大动力和精神支持。与家庭教育、学校教育相得益彰的还有日本社会大众对学生运动员的认可度,日本的企业、单位、公司等用人单位对有学校"运动部"经历的毕业生格外青睐和认可。日本学校学业教育与体育教育融合推进,"运动部"倡导培养学生的运动技能、生活交际、礼仪教养及综合素养,经过"运动部"体育训练培养的学生会具有一些体育人格特质:顽强的拼搏精神、敏锐的反应能力、良好的沟通能力、灵活的变通能力、稳定的心理素质、向上的精神风貌等。拥有这些体育人格特质的学生运员能够表现出一定的领导能力、组织能力、协调能力，这些都是用人单位和职业发展所看重的一些品质。所以，在一定程度上，日本企事业单位会优先聘用有学校"运动部"经历的学生。

与日本相比，美国在经济保障和运动训练方面直接提供多方面的政府支持和政策保障。比如 NCAA 根据运动员成绩等级设立奖学金、社会赞助、政府支持等经济保障措施；成立运动科学研究机构（Sport Science Institute），提供学生运动员科学训练方案，预防运动损伤；另外，美国还有各种保险计划、福利政策和资金救济。多方面、多层面的政府政策和社会参与对学生运动员的全力支持可以看出，美国学生运动员的社会认可度非常高。

体育的发展、运动员的社会地位、体育竞赛成绩的认可都是社会宏观大环境下的体育意识形态问题。这一系列现象和问题与很多个体都有千丝万缕的联系，家庭、学校和社会是体育意识形态的直接关系个体。第一，我们的家庭教育在看待体育教育时，要顺应国家体教融合的理念，客观正确地看待体育与教育的互补，积极看待体育"立德树人"的教育价值，建立对体育的正确认识，克服对体育、体育教育的狭隘认识和偏见，鼓励孩子参与体育运动，通过体育运动全方位地塑造孩子的完整人格和综合素养。第二，学校教育工作的开展要充分落实体育"立德树人"的教育目标，鼓励教师以体育为媒介，培养德、智、体、美、劳全面发展的新时代学生。体育作为德、智、体、美、劳五大教育领域的一部分，是学校教育的一项重要内容，引导和培育学生在体育中"育体铸魂、德体兼修"，体现体育的育人价值功能。第三，群众、公司和企业等群体要尊重运动员的体育竞赛成绩，学习体育运动健儿的进取、拼搏和不放弃的体育精神，客观看待体育运动员的综合能力和素养，发现和挖掘运动员体育特质与工作岗位的匹配之处，优先聘用这类有运动经历的学生运动员，提高学生运动员的社会认可度。同时提高体育从业相关人员的社会待遇，提高体育从业人员的社会地位。从家庭、学校和社会三方面改善体育发展的社会环境，都将直接利好群众体育、学校体育的发展，间接利好学校体育赛事的发展，这些都会为中国大学生羽毛球锦标赛和其他高校体育赛事提供良好的社会体育环境，为赛事提供良好的市场环境。

三、培育与完善赛事的市场体系

培育与完善中国大学生羽毛球锦标赛的市场要素，加快建设中国大学生羽毛球锦标赛的市场运作条件，强化中国大学生羽毛球锦标赛的市场外部环境建设，从三位一体上整体培育、完善中国大学生羽毛球锦标赛的市场体系，为中国大学生羽毛球锦标赛提供良好的赛事市场环境。

1. 培育与完善市场要素

完整的体育竞赛市场要素如下：产品，具体包括竞赛服务产品、无形资产类产品、资本市场、职业经理人市场；中介组织，具体包括赛事代理、信息咨询、球员身份、广告宣传、仲裁机构、代理组织机构；法规制度，具体包括市场准入、交易、竞争、法规和政策。体育竞赛市场体系是一个整体，缺少任何一个市场要素，或市场要素发育不健全，都会影响体育竞赛和体育竞赛产业的发展。我国高校体育竞赛的资本市场、从业人员市场等生产要素市场的发展，滞后于产品市场，生产要素不能通过市场自由流动，我们必须培育完善生产要素，使市场机制能优化资源配置。要素市场中，大的经济环境决定了资本市场和从业人员市场的培育和发展，加之高校体育竞赛市场所依托的中介组织、政策法规还在不断地完善中，我国高校体育竞赛市场体系的培育与完善必将是一项长期的工作。

2. 加快建设自身市场运作条件

我国高校体育竞赛市场当前的一些问题,直接或间接与市场主体不够规范有关,制约了我国高校体育竞赛市场的发展。从我国高校体育联赛的产权结构来看,我国大部分体育联赛都是政府、政策主导型的体育管理体制。因此需要进一步推进建立我国高校体育竞赛联赛的现代产权制度,建立联赛法人治理结构,明确各个主体的权利、责任和义务,并以此建立我国高校体育竞赛市场各利益个体之间的合理关系和代理关系。我国高校体育竞赛建立产权明晰的现代企业制度,可以实现我国高校体育竞赛市场的跨越式发展,实现学校管理与社会管理的协力作用。建立有效的现代法人治理结构,可以使竞赛的经营管理有序、合理和持续发展。完善竞赛内部的程序和机构,在治理上规范议案表决、利益分配、人事任免等程序;在机构上设置代表大会、监事会、协会等,使其相互平衡;在权利责任上明确相关人员和机构的权利范围、责任内容和利益大小;在财务制度上执行资本预算管理,使其符合竞赛的经营状况。通过建设自身的市场运作条件,从内部结构着手,扩充我国高校体育竞赛的市场运作条件。

3. 创造市场外部环境

相比于美国等体育产业发展比较早的国家,我们的体育产业发展比较落后,高校体育产业的发展更不如人意,各种体育竞赛产业的法规都还有待补充。从政府的层面来看,相关部门可以制定一系列法律法规、政策制度,理顺体育产业发展中的各个个体的利益关系,给予体育产业发展的相关政策,为整个体育产业的发展提供一个很好的政策条件,推动我国体育产业的发展,带动高校体育产业的发展。例如,政府给予有体育赞助行为的公司、企业一些优惠政策,提高社会外界组织、机构、企业等对体育赛事赞助的积极性;对某些体育赛事给予关注,适当提供赛事、队伍所需的硬件条件;适当减少对体育赛事的政府干预,加大体育赛事的市场调控力度;同时制定、完善体育竞赛有关的法律、法规和制度,对《中华人民共和国公司法》《中华人民共和国体育法》《中华人民共和国行政许可法》《中华人民共和国工会法》《中华人民共和国著作权法》当中有关体育竞赛的相应内容进行完善,维护我国体育竞赛的市场秩序,为我国体育产业和竞赛市场的长远发展提供法律保障。

第二节　完善营销体系，打造精品赛事

依据帕森斯社会行动系统论,中国大学生羽毛球锦标赛的营销体系可以从目标实现、资源整合、组织规范、社会适应四维度实现营销体系的构建。

一、营销体系构建理论

1. 目标实现

根据帕森斯社会行动系统论,目标实现功能是指系统总有一定目标,因此必须明确中国大学生羽毛球锦标赛的目标功能,选择实现目标的具体手段。在中国羽毛球项目骄人的竞赛成绩下,羽毛球明星运动员也逐渐受到大众的关注和喜欢,羽毛球运动员的商业价值受到重视。兑现羽毛球明星运动员的商业价值,可以很大程度带动羽毛球运动,使羽毛球运动成为群众体育中一个代表健康生活方式的运动项目,随之而来的各类羽毛球竞赛也会受到观众的关注。中国大学生羽毛球锦标赛作为高校一项持续时间比较长、办赛比较早的羽毛球比赛,在国家政策的宏观调控下,将发展定位于高校,致力于传播高校羽毛球文化。向上为羽毛球超级赛输送优秀的大学生运动员,疏通国家体教融合背景下体育后备人才的输送渠道;向下扩大羽毛球运动的校园影响力,推动羽毛球运动发展;同时在市场推广中,逐步实现我国高校体育竞赛的联盟发展,以及高校体育赛事市场持续健康推广。在羽毛球竞赛的市场推广中,协调好各个不同主体的功能诉求,就是中国大学生羽毛球锦标赛的目标实现。

2. 资源整合

在中国大学生羽毛球锦标赛商业市场推广中,将社会系统内部可利用的资源进行整合,充分发挥整体资源的个体优势,才能实现整个中国大学生羽毛球锦标赛商业市场推广系统的平衡发展和优化升级。在中国大学生羽毛球锦标赛商业市场推广的体系中,政府政策、竞赛管理、竞赛制度、宣传媒体、学校、协会、运动员、赞助商等以统一的目标实现为方向,整个内部的个体价值目标具有统一性,社会将拥有其个体整合在一起的共同价值体系。将中国大学生羽毛球锦标赛自身环境所具有的资源优势进行充分整合,合力助推、最大化地发展赛事。

3. 组织规范

在社会系统中,事物的发展不仅需要目标实现、资源整合,还需要制度规范。遵循事物发展规律,在事物运行与发展中形成的组织规范,可以用来支撑事物的发展并规范事物的发展方式,这种组织规范是在外界环境下,系统内部自发形成的。在中国大学生羽毛球锦标赛的大部分赛事中,竞赛主办方注重整个比赛过程的秩序和安全,对于赛事的社会影响和传播影响不做整合和梳理,宣传主要由当地媒体机构、协会等团队进行,竞赛规则主要由中国大学生体育协会羽毛球分会与承办高校协商完成,赛事的基本组织规范由此产生。在组织规范的具体细节上，每个个体看似都有自身运行的组织规范，但还是会存在个体责任不到位，赛事效益没有得到最大回报反馈的情况。在当前组织规范内，实现赛事的延伸效益也许才是赛事发展被忽略的地方。

4. 社会适应

帕森斯的一般系统理论强调适应功能与外部系统的交互，在资源互通的前提下，实现不同系统之间的更新，不断延续系统内部的发展活力，进而搭建两个或多个系统间的沟通桥梁[49]。虽然中国大学生羽毛球锦标赛与篮球联赛有所区别，但在赛事组织和赛事管理上可以借鉴学习 CUBA、NCAA 等赛事，CUBA、NCAA 的组织和管理方式能很好地迁移、搭建到其他高校体育竞赛项目上。中国大学生羽毛球锦标赛可以设计自己的吉祥物、主题曲，建设大学生群体自己的羽毛球文化。借助赛事承办，充分利用高校队伍的影响力进入社区、中小学教育机构、体育机构等场所开展羽毛球趣味活动，对群众进行技术指导，推广羽毛球运动，扩大中国大学生羽毛球锦标赛的社会影响。充分利用自媒体、新媒体的技术优势，在媒介平台上实时传播赛事，扩大比赛的知名度。中国大学生羽毛球锦标赛可以以自身发展实际为基础，区别性地借鉴其他联赛的推广方式，在同类资源交互的情况下衍生出适合自身发展的基本条件，扩大自身优势，使赛事最大化发展。

二、精品赛事塑造途径

建立中国大学生羽毛球锦标赛的品牌形象，要进行充足的市场调查和自身品牌定位，利用新媒体提高赛事的传播广度，考虑体育文化、羽毛球文化和校园文化的融合发展，注重开发赛事无形资产，丰富赛事内容。中国大学生羽毛球锦标赛的精品赛事塑造是一个系统的工程,要考虑协会联盟的整体环境、我国的教育环境和市场环境,上下融会贯通,左右交叉相连,构建一个和谐发展、持续开放的品牌体系。

1. 丰富赛事内容,提升赛事观赏性

体育竞赛的观赏性一部分直接来源于竞技水平,联赛传播的首要内容就是竞技性。随着比赛进程的推进,水平高的队伍越来越聚集,在"更高、更快、更强"的体育氛围的烘托下,整个队伍的竞技水平被不断提升。精彩的赛事吸引了更多的观众、更多的羽毛球爱好者,低年龄段的运动员也能受到鼓舞,精彩的锦标赛有助于扩大赛事的知名度,获得更多的社会参与。提高中国大学生羽毛球锦标赛的竞技水平,能直接提高赛事的观赏性。

2018 年,国务院颁布《关于加快发展体育竞赛表演产业的指导意见》指出,体育竞赛要坚持融合发展,实施"体育＋"和"＋体育"的做法,促进体育竞赛与表演产业的融合发展,拓展赛事服务空间。随着社会的进步和文化的渗透,体育竞赛的赛事元素在不断地丰富。在观众的视角下,体育竞赛不仅仅是一项以竞技水平高低为主要目标的赛事,体育竞赛应该具有更多的亲民性、娱乐性、观赏性。竞赛的主角不仅仅是在赛场上拼搏的运动健儿,也是融入比赛里的热情的观众。在竞赛规则之内采用不同的活动方式,使观众亲自参与到赛事活动中来,体验竞赛的乐趣,也能丰富和提升赛事氛围。中国大学生羽毛球锦标赛在提升各个高校代表队运动水平的同时,要深化赛事功能,丰富赛事供给内容。一场观赏性高的体育竞赛不仅有对手,也有伙伴;不仅有竞赛,也有表演。因此,中国大学生羽毛球锦标赛要综合提高赛事的综合竞争力,可以尝试加快羽毛球竞赛与其他竞赛元素的融合发展,落实到中国大学生羽毛球锦标赛上。实现"羽毛球＋"和"＋羽毛球"的发展模式,丰富中国大学生羽毛球锦标赛的赛事供给内容,拓宽中国大学生羽毛球锦标赛的发展路径。中国大学生羽毛球锦标赛可以借鉴中国大学生五人制足球赛、中国大学生篮球联赛的方式,与啦啦操的选拔赛、冠军赛结合;或者与健美操的选拔赛、冠军赛结合;或者与其他表演类项目的比赛结合。结合其他项目的表演性,整个中国大学生羽毛球锦标赛和其他项目表演赛的观赏性都大大增强,实现了一加一大于二的效果,可以给观众带来更好的赛事享受和获得感。同时中国大学生羽毛球锦标赛还可以与营销、文化、旅游项目融合发展,打造各类主体、各类特征的羽毛球赛事,与旅游相结合,打造沙滩羽毛球赛、羽毛球全国旅行赛;与娱乐相融合,打造羽毛球嘉年华活动;与观众融合,互动、抽奖、体验的参与形式提升赛事体验感,给观众带来精彩赛事视觉冲击的同时收获满足感;与校园文化相结合,组织开展新生羽毛球比赛、校园羽毛球比赛、校际羽毛球比赛,让越来越多的大学生感受到羽毛球的魅力,参与羽毛球运动;还可以与摄影相结合,选取优秀摄影作品进行展出,吸引摄影爱好者参与赛事的宣传工作,充分利用各方资源宣传赛事;与营销市场结合,培养优秀运动员成为"明星运动员",开发明星商业价值,提高赛事的品牌竞争力。

2. 借助新媒体优势,提升赛事传播深度

随着信息网络的不断覆盖,通过网络传播时讯新闻已成为信息资源流通、传播的一种重要方式,人们借助手机、平板等移动设备了解社会动态,已成为一种生活习惯。互联网技术发展迅猛,1G 时代是语音通信,2G 时代是文字信息,3G 时代是实时图片媒体,4G 时代是高清视频、移动直播,5G 时代是超大宽带、超高速传输、低延时,紧跟时代步伐,借助新媒体的优势可以有效快速地升级体育赛事的传播方式。"5G+4K"的传播模式已逐步运用到一些重大活动中,依靠 5G 的超大宽带、超高速传输、低延时和 4K 超清接收终端,受众能获得前所未有的感官体验。相比于传统媒体,新媒体的时效性功能更能有效地传播和扩散信息。因此,中国大学生羽毛球锦标赛在 5G 时代要紧跟 5G 步伐,紧盯技术前沿,瞄准时代发展趋势,主动应对,积极改变,占据主动,顺应时代发展。借助新媒体优势,能提升中国大学生羽毛球锦标赛的知名度,提升赛事的传播深度和广度,有效引导大众对羽毛球项目的兴趣,进而参与羽毛球运动,维系赛事发展的生命力,促进我国竞技体育、校园体育、群众体育的全面发展。总之,在 5G 时代的今天,中国大学生羽毛球锦标赛可以采用多种形式,深入了解观众的特点,通过多渠道多方式,提升传播效率,进而提升赛事的传播深度和传播广度。

（1）提供个性化服务,满足多元需求。

传播时代,传播者首先要明确传播内容的受众用户是哪些,受众目标希望得到什么传播信息和传播内容,以受众目标的具体需求为传播核心,为受众目标提供优质的传播服务。中国大学生羽毛球锦标赛的赛事传播方可以对受众目标进行精准把握,依靠大数据基础条件,对受众目标需求内容、用户偏好等特点,进行个性化、针对性的内容推送,保证受众目标在得到赛事信息以外,满足个性化需求。可以提供一些线上球迷活动、线下球迷活动、赛事竞猜、赛事点评等赛事活动;或者基于受众目标的地理位置区别,分别为场内观众、场外观众提供不同内容的赛事信息;或者根据受众目标不同的信息环境和不同的信息终端,提供以视频、图、文的赛事内容;或者根据受众目标的不同性别、年龄、文化、职业等,提供不同的观赛喜好。

（2）完善官方网站建设,优化界面设计。

用户通过搜索框搜索赛事名称时,都会优先选择赛事官方网站,官方网站是体育赛事重要的媒体宣传门户,官方 APP 能直观便捷地为球迷群众提供赛事服务。中国大学生羽毛球锦标赛的赛事传播方,应尽可能建立属于中国大学生羽毛球锦标赛的专属官网和专属APP,充分发挥当前新媒体的优势,有效传播赛事。官网界面布局做到重点突出、层次分明、简洁大方、色彩协调;官网内容上做到实时更新、全面细致、权威真实,做到为受众目标提供优质赛事服务的同时,为其他媒体平台提供及时的资讯来源。

(3)坚守专业化主线,丰富传播内容。

体育传播是传播学的一个独立、特殊的传播领域,体育信息的传播具有较强的娱乐性,同时传播的是体育所蕴含的团结、奋斗、竞争、友谊、勇气等体育精神。在体育传播过程中,中国大学生羽毛球锦标赛的传播方可以坚守专业化主线,提供专业的技术导向性服务,丰富传播内容,不仅仅局限于信息采集能力,而是利用大数据提供专业数据分析,门户网页提供全面的新闻报道,配合赛事专业解说,传播正能量的体育精神,将赛事传播内容与技术、环境、新媒体特点优势等因素联合起来,提供全方位的传播服务。

3. 传播体育文化,深化赛事内涵

中国大学生的高校联赛是高等教育的一部分,是校园体育文化的具体延伸。通过大学生联赛,大学生可以实践顽强拼搏、挑战自我、青春热情的大学校园文化精神。校园体育文化包含的团队精神、公平竞争精神、合作精神、爱校精神,对社会、学校、学生的发展是非常重要的精神内核元素。校园体育文化代表的不仅是一种校园体育行为,更是学校教育思想、体育精神、学校发展等方面的综合体现;不仅是驱动校园体育发展的文化动力,更是大学生自我完善、综合发展的精神底蕴。中国大学生羽毛球锦标赛与校园体育文化有着紧密联系,这与其他职业体育赛事有着明显的不同,这是大部分中国大学生体育联赛的优势所在、特色所在。中国大学生羽毛球锦标赛可以充分利用大学校园里的赛事契机,宣传赛事文化,调动社会参与的积极性,形成体验参与、共同努力的赛事氛围;培养大学生魅力球员、魅力球队,运作明星效应,提高赛事主体的价值归属和荣誉感。运用各种方法、各种渠道,宣传赛事文化,创造良好的赛事文化氛围,丰富赛事文化内涵。同时,中国大学生羽毛球锦标赛要把大学校园健康向上、青春洋溢的气息与赛事联系起来,加大对羽毛球校园文化的宣传,结合大学教育发展定位和校园体育文化,打造品牌形象,把握产业机遇,拓展市场,从体育文化渗透和品牌文化的角度,将赛事推向更高的市场化、产业化运作。

中国大学生羽毛球锦标赛在建设、丰富文化内容的同时,要深入挖掘赛事的文化内涵和附加值。利用赛事开展,带动羽毛球的教学改革,培养学生的羽毛球锻炼习惯,提升学生的体育文化涵养,增强学生运动兴趣,宣扬体育观念,发挥联赛的建设作用,减少和克服体育教学的功利主义,推动羽毛球运动的发展和普及,创造中国大学生羽毛球联赛在校园持续、健康发展的校园环境。同时,通过赛事带动,实践渗透、转化赛事体育文化,对大学生的学习、生活产生积极的正向影响,让大学生的日常生活与中国大学生羽毛球锦标赛的赛事文化发生着细微的、潜移默化的关联与影响。通过赛事精神渗透,构建大学生公平、公开、公正的现代价值观,感染大学生形成互助友爱、顽强拼搏的日常行为,获得自尊、自信、自强的人格完善,体验羽毛球运动的获得感、愉悦感和成就感。在这种文化与行为不断渗透感染的反馈活动中,形成中国大学生羽毛球锦标赛赛事文化与大学生个体之间的良好互动、良性循环,建立中国大学生羽毛球锦标赛与中国大学生自然而紧密的联系。

4. 运用科学技术,提升赛事体验感

在科技快速发展的趋势下,赛事转播也进入了一个全新的观众视角。2022 年的北京冬奥会第一次使用 UHD 和 HDR 技术,采用超高清、高动态的 4K 技术来进行制作转播。北京冬奥会也因此成为当前世界体育转播史上，时间最长、清晰度最高的一次比赛。奥林匹克广播服务公司提供的转播时间约为 6 000 小时，转播内容保证了不同平台有不同的内容。相比于 2018 年平昌冬奥会，2022 年北京冬奥会的多摄像机位回放系统约是平昌冬奥会的一倍。冰球比赛场地为多角度、实时观看动作细节，用约 120 个总机位设置拍摄方阵，并且每台摄像机都可以进行 360°平移拍摄，这样可以保证转播内容的多位置、多角度；滑冰比赛场地采用超高速 4K 轨道拍摄系统，突破了以往比赛中的全景、远景拍摄，最高可达 25 米/秒的速度拍摄，为观众完美呈现了运动员的技术细节、近景、表情特写等比赛实况；高山滑雪采用动态成像技术，为观众直观呈现了竞赛场地的起终点高度、气象信息、弯道情况、场地长度等赛道信息，运动员的速度数据以仪表盘的形式展示给观众，给观众带来了直观的赛事观看；U 形场地、首钢滑雪大跳台、自由式滑雪空中技巧等技巧类项目，用 15 秒就可以完成技术动作的三位定格回放，运动捕捉和时间切片系统相结合的技术，完美还原了冠军选手的夺冠时刻；冰壶比赛现场顶置摄像头的每帧图像可以实现对冰壶位置、接触点、轨迹和冰壶之间的距离进行数据分析和动画呈现，将三维虚空的运动轨迹转化为运动员的二维实体轨迹，使得动作转播更加细致、准确。放眼其他高水平赛事，为了保证裁判的准确判断、比赛的公平公正、观众的高清画质观赛和身临其境，众多的体育高技术手段也都被运用到众多项目中，观众的赛事体验在一步一步地稳步提升。中国大学生羽毛球锦标赛一方面可以仿效以上比赛项目，加入更多高技术含量的转播方式，促进赛事内容的有效转播；另一方面也可以采用接地气的、接近大学生生活方式的网络传播方式，吸引更多的大学生参与。例如，非凡体育、阿里体育通过各类平台对 CUBA 的网络传播，腾讯体育对 NBA 的独家转播。中国大学生羽毛球锦标赛可以联合赞助企业,加大与新浪微博、优酷、抖音、快手、微视等平台的合作,实时更新、分享赛事动态,增加赛事传播方式,提升观众的赛事体验感。

5. 树立市场观念,加强赛事营销

中国大学生羽毛球锦标赛的主办单位、执行单位、支持单位、承办单位等各个相关主体,就赛事市场推广的市场观念意识要逐步形成统一。以开放化、市场化发展的眼光,客观看待高校体育赛事的赛事营销,并且逐步重视中国大学生羽毛球锦标赛的赛事推广。在中国大学生羽毛球锦标赛的现代营销、市场开发、市场运作等方面充分发现、挖掘中国大学生羽毛球锦标赛的品牌商业价值。开发自身优势条件的同时,积极寻求与外界合作共赢的机会。寻求企业赞助、媒体宣传,与公关媒体建立长期、稳定的战略合作关系,加强各个媒体平台对中国大学生羽毛球锦标赛的宣传和传播,有计划、稳步地提高中国大学生羽毛球锦标赛的社会影响力和品牌知名度。中国大学生羽毛球锦标赛的市场推广和商业营销必须按照市场经济的运作规则,才能稳定发展。同时,进入市场后的中国大学生羽毛球锦标赛也会形成很好的反馈,为中国大学生羽毛球锦标赛的持续发展提供更多的经济来源、人才输送渠道等价值功能。在中国大学生羽毛球锦标赛进入市场开发的初期,中国大学生羽毛球锦标赛可以预先进行品牌塑造,逐步培育市场和消费群体,主动积极地加强媒体合作,争取很好的政策扶持和各类经济优惠,慢慢形成良好的赛事宣传氛围。利用中国大学生羽毛球锦标赛的赛事标志、赛事主题曲、赛事活动等赛事元素打造赛事舆论,初步形成赛事品牌与商业合作之间的良性互动态势。在市场推广过程中,中国大学生羽毛球锦标赛的主办单位、执行单位、支持单位、承办单位可以慢慢尝试,在商业赞助的条件下,逐步将中国大学生羽毛球锦标赛打造成真正意义上的实体经济,形成自身的经济运作,慢慢为中国大学生羽毛球锦标赛的发展提供更广阔的空间。

6. 加大宣传力度,吸引赞助支持

随着赛事的不断成熟和发展,中国大学生羽毛球锦标赛的参赛队伍和参赛高校越来越多,如何加大有关中国大学生羽毛球锦标赛的宣传,有效宣传中国大学生羽毛球锦标赛是一个比较重要的现实问题。中国大学生羽毛球锦标赛会有一些非官方渠道的直播,主要是球迷爱好者或者参赛队员对其关注的比赛场次的直播,国内地方媒体也有对当地举办的中国大学生羽毛球锦标赛做一些相关报道。从整体宣传情况来说,宣传比较有限,赛事影响力没有很大扩散和辐射,通过电视媒体了解到赛事的也比较少。这种宣传现状与中国大学生羽毛球锦标赛的整体水平和实力有一定的关系,与赛事的配套宣传不到位也有一定关联。中国大学生羽毛球锦标赛自第一届赛事举办以来,经过十多年的发展,与 CUBA、CUFL 等国内高校体育联赛相比,联赛的影响力还略低一等,这与新闻媒体的合作不足,宣传欠缺,社会关注度不高有关。当前中国大学生羽毛球锦标赛的赛事宣传主要是横幅标语宣传、画报宣传、新闻报道、网页新闻、个人直播等方式,宣传方式基本都是临时性的,没有专业化、长期性的赛事宣传方案,这在一定程度上会成为扩大联赛影响力和知名度的限制因素。同时,在互联网带动各行产业经济发展的信息时代,各种媒体、网络等关于中国大学生羽毛球锦标赛的新闻没有与日俱增,与开始阶段的新闻报道基本等同。这也说明联赛的经费比较紧张,宣传成本比较高,赛事多年的宣传渠道比较局限,赛事信息传播慢,这些负面情况又进一步导致赛事的企业赞助商赞助赛事的积极性不高,这些赛事的内部因素相互影响,成为制约中国大学生羽毛球锦标赛赛事推广的不利因素。要对中国大学生羽毛球锦标赛的宣传方式、宣传渠道进行更深入的探讨,中国大学生羽毛球锦标赛的影响力和品牌形象才能进一步提高,才能形成中国大学生羽毛球锦标赛内部因素相互推进的良好局面。

体育赞助是指企业、公司、单位等组织机构,向体育活动系统内的组织、机构、个人等提供各类援助和支持,而被援助支持者需转让部分体育活动有关的权益作为回报,双方基于自发自愿、平等合作、共同得利的一项体育经济活动。中国大学生羽毛球锦标赛的蓬勃发展和高额体育赞助的获取,需要大学生体育协会、高校参赛队伍和赛事运营商等主体的共同努力和相互配合。赞助商的投资热情直接关系到赛事的资金投入和活动开展,高额体育赞助能否取得与赛事的信息传播又有直接关系。因此,中国大学生羽毛球锦标赛应加强与媒体平台的合作关系,政府层面推出利好高校与赞助商合作的优惠政策,注重赛事与赞助商的利益协调和赛事的健康发展,形成中国大学生羽毛球锦标赛稳定的商业合作关系,赛企联合,互利共赢。

在常规横幅标语宣传、画报宣传、新闻报道、网页新闻、个人直播等宣传方式的基础上,中国大学生羽毛球锦标赛承办单位可以充分利用校内宣传和校外宣传相结合的方式,扩大宣传渠道。承办单位和参赛高校利用校内宣传方式,如高校羽毛球社团组织参加赛事的现场宣传活动,通过社团活动结合赛事文化进行宣传,利用微信、微博、直播平台进行高校球队的文化宣传、球员介绍、比赛通告、裁判活动;承办单位利用校外羽毛球协会进行社会面的赛事宣传,通过协会活动的形式结合赛事文化进行宣传,同样进行高校球队的文化宣传、球员介绍、比赛通告、裁判活动,形成社会面的宣传传播;中国大学生体育协会羽毛球分会应积极建立与地方政府的合作,利用赛事影响和当地旅游特色,形成赛事文化旅游,拉动当地经济发展的同时借势形成赛事旅游经济圈,形成赛事的文化辐射;还可以让各个参赛队作为独立的法人,进行球队冠名、赛场广告等方面的商业广告资源开发,渲染赛事商业氛围,提高赛事商业价值;中国大学生羽毛球锦标赛的多方主体要加深与媒体策划的合作,制订符合中国大学生羽毛球锦标赛发展路线的宣传方案,强化宣传效果,提高赞助效益。通过校内结合校外的宣传方式,多渠道宣传,高效益赞助,多部门协调配合等方式,逐步实现中国大学生羽毛球锦标赛与赞助商双赢的美好局面。

7. 扩大羽毛球人口,繁荣羽毛球市场

中国大学生的体育联赛主要参赛队伍是由高校学生组成的,中国大学生的体育联赛最吸引的观众主要是青春靓丽的在校大学生。目前,我国约有3 000多所大学,两亿多在校大学生,接近2 000万教职工。从连带效应来看,大学生亲属、预期上大学的高中生,以及初中生、小学生的数量也是十分庞大的,与中国大学生体育联赛相关联的观众群体有着惊人的数量,也可以说中国大学生的体育联赛拥有可观的观众群体。中国大学生体育协会羽毛球分会可以加强中国大学生羽毛球锦标赛与高中、初中和小学阶段羽毛球比赛的衔接,让越来越多的在校学生熟悉羽毛球的系列赛事,吸引有羽毛球运动天赋的学生参加比赛,使他们在拥有比赛机会的同时顺利完成学业,这些都可以直接增加羽毛球人口并可持续发展。大量的羽毛球人口的积累,对羽毛球赛事的赞助商有很好的赞助投资吸引,把握住中国大学生羽毛球系列赛事的市场,赛事赞助商也就拥有这批羽毛球人口的消费前景和市场潜力,这是中国大学生羽毛球锦标赛赛事赞助企业的长期回报。从市场层面上,繁荣的羽毛球消费市场能为中国大学生羽毛球锦标赛的赛事推广,提供良好的市场环境。扩大中国大学生羽毛球锦标赛有关的羽毛球人口,促成更加繁荣的羽毛球市场,进行赛事与市场更好地连接和定位,将中国大学生羽毛球锦标赛的鲜明核心价值特征与市场进行连接，可以从多个方面发展当前的羽毛球赛事市场、羽毛球消费市场。中国大学生羽毛球锦标赛的赛事运动员都是充满青春激情的大学生，这与商业体育赛事有明显的本质区别，也是具有教育属性的体育联赛。把大学生的羽毛球锦标赛与中国羽毛球的发展连接起来，把中国羽毛球的团结合作、顽强拼搏的工作作风和民族体育精神延续到大学生的羽毛球赛事中，可以丰富中国大学生羽毛球锦标赛的核心价值内容，吸引更多的羽毛球人口参与助力赛事的商业市场推广。

第三节　健全人才机制，提高赛事水平

一、培养高水平羽毛球运动员的完善途径

在中国大学生体育协会下举办的各类大学生联赛越来越多，顺应了体育教育与学校教育的融合发展，体现了我国践行体教融合的教育方针。大学生羽毛球联赛可以实现羽毛球人才的向上输送，充分体现体育与教育的衔接和发展，是对当前大学生体育赛事的有效完善，对教育的改革发展。在体教融合的现代教育发展的今天，原来专注于体育竞赛目标的体育教育体制，必然面临转型和改革。市场经济的冲击，基层体育发展受限，体育经费来源不足等一系列因素，或多或少对我国的体育后备人才培养产生影响。体育后备人才的培养和储备，一直都是我国体育发展重点关注的现实问题，并为之努力的目标。如何让中国大学生体育协会的系列比赛成为我国体育后备人才培养承上启下衔接的中坚力量，发挥学校体育的功能价值，值得我们每一个体育人深思。如何健全完善高水平运动员的培养机制、

疏通人才渠道,提高学校体育的竞技水平,值得高校体育工作者不断地总结和实践。

1. 落实体教融合,健全人才培养体系

体育教育与文化教育具有相同的教人、育人属性,两者本位一体融合发展,竞技体育就能持续、稳定地发展。在体育与教育的育人过程中,我们在小学、中学、大学探索"一条龙"的升学办学模式,能保证学校竞技体育的健康发展,完善学校体育优秀人才的选拔、育人机制,保证优秀体育人才输送渠道通畅,形成比较完备的体育人才培养体系。中国大学生羽毛球锦标赛的后备人数来源主要是各个高中,原来体育专制教育的体校模式不断萎缩,体校选拔的后备人才已慢慢不能满足中国大学生羽毛球锦标赛的高校队伍建设要求。随着赛事社会影响力的不断积累,越来越多的高校也纷纷参加中国大学生羽毛球锦标赛,建设高水平羽毛球代表队,吸收优秀的羽毛球运动员成为影响赛事水平的重要因素。在国家大力落实体教融合的政策背景下,将羽毛球运动、羽毛球教学和羽毛球训练根植于校园之中,实现体教融合背景下中国大学生羽毛球锦标赛的发展,可以健全羽毛球后备人才培养体系。羽毛球后备人才的培养借助体教融合的推动,可逐步建立小、中、大学一体化的体育教育输出模式,中国大学生体育协会羽毛球分会可尝试在全国范围内选取部分省份、部分学校,建立小学、中学、大学的直线输送、点对点的输送渠道。比如,下设的区县级单位、定点和学校,纵向输送到市级单位、定点和学校,再以大学的高水平运动队和省级专业队为依托,向上输送羽毛球竞技体育后备人才,形成羽毛球后备人才纵向衔接的输送渠道和训练网格,尝试建立一套从小学到中学再到大学的羽毛球体育后备人才培养体系。小中大一体化的体育教育体系,可以从输送渠道和培养主体两方面入手实行。例如以输送渠道一条龙的方式,建设羽毛球项目对应的小、中、大学,实现羽毛球运动员纵向输送的有机衔接,形成从小学、中学到大学完整的学习和训练体系;以培养主体一条龙的方式,由中国大学生体育协会建设培养羽毛球优势特色项目学校,自主招生后进行独立培养,学生运动员从小学到大学的学习和训练都在相对应的学校完成。在全国范围内建立一套从小学到中学再到大学的羽毛球体育后备人才培养体系,将学校羽毛球运动队改制为羽毛球俱乐部,实现从小学、中学到大学有机衔接的一体化体育教育培养模式。通过这种小中大一体化的体育教育模式的逐层培养和梯队选拔,充分保证羽毛球学生运动员的升学通道,也能最大限度地减少羽毛球后备人才的中途流失。中国大学生体育协会羽毛球分会与体育、教育等相关部门,应充分分析所在区域小学、中学教学资源的情况,选择性地建设和帮助部分学校,建设羽毛球俱乐部的教学基地。明确各层次相关学校制订和实施相应的教学计划,将学校的羽毛球俱乐部作为训练基地,全面承担各层次的训练和教学工作,鼓励小中大羽毛球俱乐部体系中的各类小学、中学和大学组织和参加各类羽毛球比赛。用资源的合理组合和体系的层级连贯,形成小中大学校羽毛球俱乐部的良性循环,以及小中大羽毛球体育后备人才的持续反馈。

2. 增加运动员选拔渠道,扩大选拔范围

增加学生运动员的选拔渠道,可以扩大高校羽毛球运动员的选拔范围,让更多的羽毛球爱好者或有天赋的学生,能够进入大学校园继续完成羽毛球梦想和大学梦想。有一部分基础条件比较好的羽毛球运动员,可以通过招考,凭借高水平的羽毛球技术进入大学继续学习。有一部分羽毛球运动员是在进入大学后,因很好的身体条件和较高的运动天赋,被高校挖掘和培养,从而成为优秀的羽毛球人才。

相对而言,以上这两种培养方式和人才输送方式是比较常规的。

在此基础上中国大学生体育协会可以尝试开展其他渠道和途径,例如羽毛球分会可以常年开设各种类型的羽毛球交流活动,通过夏令营、冬令营等羽毛球活动,让更多的小学、初中、高中和大学参与交流、了解。不同的省、不同的市、不同的地区、不同的学校可以进行各种友谊类、竞赛类的羽毛球活动。从各种类型的羽毛球交流活动中,学生运动员的羽毛球训练方式会多样化、竞技水平有更多横向和纵向的对比,可以直接提升羽毛球学生运动员的竞技水平。同时,对于学校来说,可以直接扩大羽毛球运动员的人才选拔范围,使得更多的羽毛球学生运动员有更多的输送渠道。夏令营、冬令营活动可以建立普通学生与羽毛球的连接,使普通学生的羽毛球梦想照进现实,可以实现高水平羽毛球运动员向上选拔,是一种常规体制外的人才选拔模式。在实践上,夏令营可以更多地面向普通羽毛球爱好者和有一定基础的羽毛球学生,拥有羽毛球运动爱好的学生,有机会可以和有基础水平的羽毛球学生接触、学习。这种羽毛球双向交流,一方面可以激发学生的羽毛球热情,直接增加在校学生的羽毛球运动参与量;另一方面可以鼓励有一定基础的羽毛球学生,更好地提高自身羽毛球水平,成为可能的优秀羽毛球后备人才。冬令营可以作为专业羽毛球水平的提升基地,集结不同省、不同市、不同地区、不同学校的优秀羽毛球学生运动员,进行集中训练,可以使不同阶段的优秀羽毛球人才进行技术交流、学习和探讨,营造出一种羽毛球优秀学生运动员之间的、你追我赶的训练氛围,有助于提升学生运动员的羽毛球水平。多种多样的羽毛球交流活动可以扩大高校选拔羽毛球人才的范围,提供人才选拔的便利和优势,让更多优秀的、有羽毛球梦想的学生运动员,能进入上一级的教育阶段进行深造和学习。

3. 坚持全面发展,提高运动员的综合素养

坚持运动员的全面发展,提高运动员的综合素养,培养体育与教

育融合发展的、高素质、现代综合型运动人才,可以为中国大学生项目联赛提供人才保障。学生运动员的培养、专业运动员的培养是我国体育竞赛体系中的重要内容。在体育与教育综合发展的政策背景下,我们对运动员的培养要注重教育的发展,在保证运动水平不降低的情况下,提高对运动员学业课程、综合素养的关注,保证运动员在品德发展、个人发展、知识技能、运动技能等方面的综合发展。

在以比赛成绩、比赛结果为评价标准导向的竞技体育中,大部分的学校和体育组织比较注重运动水平的高低,体育与教育的融合发展还需要不断地推进。对于运动员的培养与发展,我们在实践过程中必须遵循和坚持以下几个基本原则:第一,确定高校是我国青年人才、体育人才重要的培养基地,是实现体育全方位育人的实践基地,是体育人才全面培养和发展的教育基地。学校体育的竞技氛围、学校体育关注度和社会体育关注度与学校的体育教育有直接联系,体育与教育的融合推进需要遵循"以文育人、以体育人"的发展理念,在最终教育目标一致的情况下,"以文育人"侧重从课本知识体系教育人成长成才,"以体育人"侧重从体育活动中丰富人的精神内涵和品格。高校的体育教育是学生运动员综合教育的一个内容,教育与体育在育人的教育目标上是融合交汇的。第二,明确体教融合的育人是体育和教育工作开展的第一出发点,也是最终的归宿点。体育人才培养是学生运动员全面发展的重要工作内容和教育内容,学生运动员良好品格的培养,学科综合核心素养的提升是体教结合、学校教育的达标尺度。学生的体育运动优势应成为带动学生全面发展的加分项,有利于人才培养,有利于学校教育开展,学科知识和体育水平是学校教育的人才培养方向。第三,注重学生运动员体教结合的目标引导,以学生运动员的综合发展为引导目标,优化学生运动员培养目标的方案,统筹协调学生运动员的教育目标与体育目标,长远关注学生运动员终生发展规划的长远目标与现阶段的体育竞技成绩的均衡发展。重视现阶段训练习得的技术水平，更要重视学生运动员的学业、品德、知识技能等方面的综合发展，培养长远教育目标所提倡的、全面素质的、专业人才型的学生运动员。第四，根据我国的整体教育环境和国家发展战略需求，合理规划学生运动员、体育后备人才的培养路径。借鉴国外高校体育的竞赛管理经验，结合我国实际情况，使人才培养动态发展，人才培养目标不断与时俱进，培养适应新时代国情发展的体育人才。在招生录取环节，对学生身份的运动员设置严格的文化成绩录取标准；在培养教育环节，根据不同学龄的教育阶段采用不同工作重点。在小学教育阶段，学生运动员的文化教育与普通学生保持一致，避免从源头上导致教育的偏颇。从基层教育观念上强化体教融合的理念，在小学教育阶段，注重学生运动员身心发展平衡，有针对性地加强体育训练，同时保持不松懈地学习。在中学教育阶段，一方面注重挖掘有天赋的体育人才，对竞技体育人才的培养坚持以学为主、以训为次的培养原则，合理分配时间，保证训练时间，维持学习与训练两者的动态平衡。另一方面，学校、体育机构等体育教育资源加强整合共享，可将专业队教练员、社会体育教练员引入中小学的竞技体育中，承担教学和训练的日常工作，实现对学校竞技体育的高质量补充。在大学教育阶段，坚持美国 NCAA 主张的必须达到规定的学业成绩，才能获取参赛资格的要求，动态平衡大学生运动员的学训时间。再通过参加中国大学生的系列项目联赛，实现高校运动员的纵向综合发展。中国大学生羽毛球锦标赛的人才培养以此为例，可以尝试践行羽毛球人才培养方案。

二、体育产业高层次人才的培养途径

综合市场营销、体育赛事营销的市场管理特点，体育赛事营销本质上是一种服务型营销方式，为体育消费者提供多种形式的体育服务。例如体育赛事产品服务，直接为体育消费者提供的有形产品是体育赛事的观看，也包含一些赛事无形产品服务。因此，体育消费者因为体育赛事的服务需求而使体育赛事具有市场营销的机会，体育消费者的赛事需求越多，体育赛事的服务价值供给就越多，两者之间的需求供给协调也牵涉到很多市场营销环节。区别于常规市场营销的一些既定情况，我国现在体育赛事的有效营销是不能满足体育消费者需求的。从体育赛事的市场营销角度来分析，依据现有的市场规律、体育市场、企业赞助及赛事要求而言，通过体育赛事资源，实现企业优势资源的展出，树立企业形象，推广企业品牌形象，是体育赛事推广的基本要求。体育赛事营销管理要最大化地整合体育赛事过程、策划和实现经济效益的销售，以消费者需求为出发点，以赞助企业的赞助效益为中心，以体育赛事为载体，使体育消费受益于体育赛事和赞助企业，最终实现消费者、赞助企业和体育赛事的互赢共利。

2014 年国家体育总局颁布了《关于推进体育赛事审批制度改革的若干意见》，简化了体育赛事的审批手续，除全国综合性运动会和少数特殊项目赛事外，全国性体育赛事不用逐级申请报备审批。这一举措十分利好体育产业的发展和体育赛事的繁荣，体育产业的发展也进入了一个新阶段[50]。2014 年 2 月《国务院关于推进文化创意和设计服务与相关产业融合发展的若干意见》指出促进文化与体育产业融合发展，鼓励文化企业向体育领域拓展，支持发展体育竞赛表演、电子竞技、体育动漫等新业态。体育产业的发展空间和范围进一步拓宽，体育产业从业人员更加紧缺[51]。2015 年上海市政府围绕国家体育产业的相关政策文件，创建以全民健身和体育赛事带动体育产业发展的开局，以体育产业发展为目标，打造知名体育城市。2019年，国务院办公厅印发《关于促进全民健身和体育消费推动体育产业高质量发展的意见》，从十个方面提出了推动体育产业高质量发展的政策保障。综合国家各级层面颁布的体育产业发展的相关政策，国家产业结构的调整，体育产业的发展和体育赛事的融合发展都迎来了十分利好的政策环境和市场环境。当前体育产业的迅速发展，对体育产业从业人员提出了更高的要求、更迫切的需求。自"实施人才强国战略"以来，人才培养和发展的重要性一直在强化，十九大报告也再次强调人才强国的战略部署。体育产业人才是全面推进我们进入体育小康社会的重要资源，是推进体育产业经济的核心资源，培育数量充足、全面发展的体育产业人才势在必行。

从人才培养、人力资本的侧重点来讲，人力资本可以分为一般型人力资本、专业型人力资本和创新型人力资本。近年来，随着体育产业的发展，体育产业人才形成了大量的一般性人力资本群体，对应的是拥有基础学习能力、判断能力、适应能力、认知能力等人力资本能力，属于人力资本中最广泛的普通劳动人员。相对来说，专业性人力资本和创新型人力资本在体育产业的发展中比较匮乏，这些人力资本能推动产业升级，体育产业的专业教育人群，需要掌握体育产业的专业知识和市场运作技能，实现体育产业在市场经济中的规章制度、模式等方面的创新发展。如何实现体育产业人才人力资本的高阶发展，直接关系到体育产业的高质量发展。

1. 体育产业人才的发展态势分析

在国家各类政策层面利好环境下，体育市场化发展从原来的起步阶段进入了一个快速发展的新阶段。伴随社会经济的发展，人们对美好幸福生活的向往，民众的日常消费习惯、消费观念都在发生着与体质健康有关的改变，体育赛事的参与率、关注度也呈现上升趋势，体育赛事的开发和营销潜藏着巨大的商业价值。作为起步较晚、商业潜力又比较大的体育产业来说，在国家政策正向支持、市场资本力量和经济市场主体活跃的多重利好下,多个资本商业集体意识到体育产业发展有着巨大的商业前景,开始进入体育产业市场,布局体育赛事产业发展链,体育产业发展开始进入跨越式阶段。根据国家体育总局体育社会科学研究中心、上海体育学院体育产业发展中心提供的数据显示,2014—2015 年设计经营体育赛事、体育场馆的体育产业相关公司,注册达到约 50 万家,体育产业相关的注册公司注册资金总量将近 100 亿元,直接涉及体育赛事、体育文化、体育场馆的注册资金约为 68 亿元,占总量注册资金的三分之二。体育产业注册资金的庞大,说明了体育产业消费市场的前景和发展空间是十分广阔的。2014 年,我国体育产业规模达到约 13 574.71 亿元,占比同年 GDP 的 0.64%;2015 年,中国体育市场规模约为 17 600 亿元,其中体育赛事市场规模约为 1 400 亿元,占比接近十分之一;规划体育产业的十年发展,体育赛事市场规模在 2025 年能达到约 4 000 亿元;2018 年,国家统计局发布年度体育产业统计公报,体育产业市场规模达到 26 579 亿元,增值为 10 078 亿元,占比同年 GDP 约 1.1%,经过 5 年的发展,市场发展速度十分惊人。从体育产业的起步到未来的预估,体育产业进入了快速发展车道。

体育产业的高速发展,伴随着体育产业人才面临的巨大挑战和机遇。以上海地区为例,在上海注册的体育产业相关企业中,与体育赛事管理相关背景的赛事人员占比约 4.21%,体育院校培养的体育行业从业人员占比约 34.16%,与体育相关背景的从业人员整体占比约 38.37%;市场管理相关的人员占比约 44.95%,营销专业的人员占比 27.94%,市场营销的相关人员占比约 72.89%。相比较而言,体育产业的推进与营销更需要兼具体育行业从业背景的综合市场管理营销人才,中国的体育产业市场发展对体育赛事和市场策划能力的复合人才市场需求在逐步攀升。从 2018 年的国家统计局数据来看,体育产业机构数量增幅达 20％左右,体育产业从业人员约为 443.9 万人,体育产业增加值和体育产业就业提前完成了"十三五规划"的目标。徐开娟《体育产业促进就业的渠道与政策研究》统计显示,2018 年 443.9 万从业人员,对比 2007 年的 283.7 万人,我国体育产业从业人数规模迅速增长,体育产业人才需求量呈现急剧增加的发展态势。

　　体育产业的跨越式发展,体育产业相关注册公司不断增加,体育产业人才需求呈现数量增加的跨越式发展,同时也呈现出不同的发展状态,体育产业的人才需求类型不断升级、新兴人才需求不断涌现。近几年全国各地的马拉松受到大众的狂热喜爱,马拉松赛事在全国呈现井喷式发展,马拉松赛事公司、赛事相关专业人才需求强烈。体育产业新兴人才需求在体育产业的动态发展中,呈现出明显的积聚性特点。其他新兴体育项目,比如山地户外运动、水上运动、极限运动、航空运动、自驾营地等项目的运营管理人才、时尚体育项目人才、体育 IP 创新人才、体育融合产业发展人才成为体育产业发展的新兴人才大热门。同时,群众体育的发展和日常体育活动开展依旧需要传统体育人才,体育经理人、产业经营管理人才、赛事管理人才、赛事运营人才依旧有数量不足和复合性暂缺的问题。体育产业人才一方面面临需求旺盛的发展态势,另一方面面临新兴人才需求类型不断升级的现实需求。在体育产业的服务业、体育用品制造业、体育设施服务的消费领域,体育服务业占比有明显攀升,体现了体育产业为普通群众提供体育活动、体育体验和体质健康内容的体育产业服务思想,群众体育对体育教育培训、体育休闲活动、体育信息服务等体育消费的需求比较旺盛。这一体育产业板块内容也是体育产业领域中启动较早、市场发展相对比较成熟的部分,体育产业人才逐步"以用户为中心",显现出体育服务化升级趋势。体育用品制造、体育设施服务也在不断上升,群众体育参与面扩大,对体育用品、体育设施的需求也增加,相应的体育制造业和体育设施建造人才也不断增加。体育产业市场规模增加值占比大幅提升,体育产业与其他产业的关联、融合发展越来越多,体育产业的辐射和带动作用受到重视,体育产业、体育产业融合性产业,在经济社会发展中的贡献也在逐年增加。比如随着现代科技发展,新时代的技术手段和快捷网络生活方式,使得体育产业中的新兴产品不断涌现。5G 技术、人工智能、互联网＋、大数据等的发展为体育产业带来了科技化的提升空间,智能化、人性化的体育装备提供了更加舒适的体育体验,体育直播和体育转播具有更高清的观看体验。大数据和云计算促使体育产业进入快速发展通道,体育产业融合计算机领域的技术发展又增加了智慧体育、软件开发、电子竞技、体育产品研发等复合型新兴人才的需求。

　　体育产业人才需求旺盛是体育产业的发展态势,突破人才需求困境,需要从体育产业人才需求的质量、类型、人力资本等角度对体育产业发展的人才能力结构,进行全面、深入地分析和了解。根据现有人才理论和产业界从业人员、专家的共识,基本认为有社会体育深厚行业背景的体育人,又懂产业经济发展、体育产业布局和操作的综合性人才,依旧是当前体育产业发展中最为稀缺的人才资源。体育产业、体育融合性产业的发展对人才的需求比较多元化。基于市场需求导向,从人力资本角度,以经营管理和专业操作两个维度,结合业界普遍分类,对体育赛事、体育传媒、体育教育培训等类别的产业人才进行能力结构分析,可以了解体育产业市场的能力结构需求。通过网页检索体育产业、体育产业融合性产业的人事招聘信息,总结分析体育经营管理、体育赛事操作、体育健身和教育培训操作、体育传媒操作的人才能力结构特点。第一,体育经营管理类岗位具体任职能力主要有如下要求：场景设计、方案制订（运营、营销、客户）与执行能力、项目管理能力；创新、创意、策划能力；市场营销、客户维护、商业开发能力；大数据分析、软件应用能力；谈判能力、市场开拓、演讲能力、销售能力；语言表述、协调沟通、组织运营、团队合作能力；体育知识与业务熟悉能力（包括体育赛事、体育活动、体育培训、体育市场、体育赞助等内容）；媒体知识与流程能力；英语能力；其他（包括吃苦耐劳、责任心、适应出差等）[51]。分析发现，体育经营管理岗位对项目管理、执行、策划能力要求排在第一位，对市场运作方面的协调、沟通、创新、创意、谈判、组织的团队能力要求很高，体育管理与自媒体传播的关系来往密切，很多岗位要求具有一定互联网经验、语言沟通表达能力，对互联网和媒体业务要比较熟悉。这些岗位任职能力要求与体育产业市场开拓的经营管理特征呈现密切相关。第二，体育赛事操作岗位具体任职能力主要有如下要求：赛事活动策划、方案制订、组织执行能力；体育、文化活动统筹管理能力；语言表达、协调沟通、协作能力；媒体推广、公共关系能力；市场调查、数据分析、市场开发、营销谈判能力；文字能力、报告撰写能力；必要的软件应用能力；其他（持有驾照、适应出差等）。体育赛事操作岗位有体育竞赛表演和赛事运作方面的工作内容，体育竞赛表演在整个体育产业当中的占比不多，但市场相对还比较活跃，体育赛事操作人才的流动性比较大，具有丰富岗位经验的人才需求呈现爆发式增长。对体育赛事操作岗位的任职能力进行分析发现，岗位对赛事活动、文化活动策划、管理的统筹能力要求比较高，需要很强的文字能力、媒体推广和公共关系能力，相比体育经营管理类岗位，体育赛事操作岗位更注重媒体业务方面的综合能力。第三，体育健身和教育培训操作岗位具体任职能力要求主要有：产品拓展、课程设计、计划制订能力；实践教学、健身指导能力；教学管理、组织管理能力；扎实的专业知识与运动项目水平;沟通谈判、客户维护、公关能力;市场调查、媒体能力与销售能力;英语能力;其他(资质证书、吃苦耐劳、合作精神等)[74]。随着社会经济水平的不断提高,新时代人民对于美好生活的向往,对自身体质健康的关注超过了任何一个发展阶段,人们对于体育慢慢有了更深入的认知,体育价值逐渐被肯定,大众参与体育锻炼的热情高涨,体育健身、休闲体育和体育类教培迅速崛起,呈现跨越式增长,人才需求高位增长。对体育健身和教育培训操作岗位的任职要求进行分析发现,这类岗位对运动项目的专业运动技能、综合专业知识要求高,有的岗位必须具备从业资格证书。90%用人单位对体育培训相关的体育课程、体育产品的拓展能力,以及与课堂管理和效果反馈有关的客户沟通谈判、客户维护等有明确职能要求。这些岗位要求与体育经营管理类岗位、体育赛事操作岗位有明显的岗位区别。第四,体育传媒操作岗位具体任职能力要求主要如下:创意、策划、方案制订能力;新闻敏感、网络热点捕捉能力;文字写作、摄影摄像等采编能力;图片、视频等软件(Premier/Final Cut Pro、After Effect/Motion、Photoshop)应用能力;体育知识、市场了解能力;新媒体应用能力;沟通协调能力;外语能力;用户运营能力;数据分析能力;其他(出差等)。体育信息资讯传播与任何体育产业岗位都有着密切的联系,体育赛事、体育活动、体育品牌都需要进行体育传播吸引社会参与,体育产业的发展需要体育特定方向的信息传播能力。对体育传媒操作岗位的任职要求进行分析,体育能力和媒体能力是该岗位需求的两大重点内容,相较于之前的三类岗位要求,体育传媒操作岗位对媒体能力有更具体的实质性工作能力要求,如媒体工作内容的采编能力、捕捉能力、应用能力等,通过对体育赛事周边信息进行数据分析,进行赛事有效传播和舆情引导。从这四类岗位的市场需求来看,无论哪个岗位都有基于社会体育背景的专业需求,体育产业发展所需人才基本都是复合型人才。

2. 当前体育产业人才培养的困境与不足

随着我国政策对体育产业的重视,体教融合的落实推进,包含高校体育赛事在内的体育产业迅速发展,导致体育产业人才的数量空缺十分严重,体育产业从业人员的现状也暴露出很多问题。大量体育赛事提供了巨大的就业机会,人才培养又是一个长期的过程,在体育复合型、高层次专业人才空缺的现在,进入体育产业工作岗位的就业门槛无形中就被降低,各个岗位的从业人员素质不一,上下级工作配合难度加大,不能形成有效的赛事管理。体育产业市场需要具有体育专业知识、市场创意能力和媒体传播等方面的人才,通过市场运作将体育相关性商机转化为经济效益,实现体育产业的经济兑现。大量的人才需求给社会教育培训机构,提供了体育产业人才培训的工作岗位,市场的导向需求也催生全国各类高校,开始开设体育产业相关课程和专业。从人才培养的途径来看,高校依旧是各类专业人才输出的主要机构。体育产业相关专业相较于传统体育教育、社会体育、运动人体科学等学科专业而言,明显是时代发展的产物,区别于传统体育专业的发展背景和学科内容,体育产业相关专业有它特殊的经济兑现能力和时代需求性。这也导致在全国大部分高校中,很多高校开设的体育产业相关专业不能及时根据时代发展现状、市场岗位需求,对人才培养做出对应的改变和调整。大部分专业课教师难以形成对体育产业专业知识的迁移,更擅长教学实践工作,参与体育产业市场开发工作不多,容易造成教学过程中的主观性和知识内容的狭隘。专业设置大同小异、体育产业办学特色不明显、专业教师匮乏、欠缺教学实践环节、课程体系单薄等现象,在大部分开设体育产业人才培养专业的院校中都比较明显。办学高校基于原有的教学条件和教学资源,基本都是以原有的体育教育、社会体育专业背景为依托，人才培养和能力层次基本达不到岗位需求。以体育赛事营销为例，体育赛事营销岗位要求从业人员实践能力突出，所学课程门类广，知识面比较综合，有更强的专业性、多样性、应用性、复合性和全面性的特点。体育教育或社会体育转型而来的从业人员，远远不能达到要求，他们的体育行业背景和实践比较单一，知识结构与体育赛事营销的关联性不强，缺乏体育赛事营销的理解和实践经验。体育无国界，具有多种语言沟通能力，精通管理、营销、传播和法律的综合型人才更是少之又少。体育产业发展在前，体育产业人才培养则有明显的滞后。这与我国体育产业慢于欧美西方国家体育产业发展有关系，与我国体育发展的战略方针也有一定关联。对比来看，欧美西方国家前期群众体育参与率比较高，体育赛事比较多，体育产业发展比较早，各方面具有比较明显的优势，体育产业发展也基本成熟，人才培养经历了市场导向需求的调整，人才培养体系也比较成熟稳定。

（1）高校人才培养与体育产业人才要求匹配度不够。

体育产业的发展，科学技术的进步，信息产业的日新月异，为体育产业融合发展提供了很好的社会环境。体育竞赛、体育培训、体育设施服务等传统产业加速扩张，"互联网＋""体育＋"的融合产业，如体育旅游、体育文创、体育康养、智慧体育、体育传媒等新时代体育产业迅速涌现。体育产业人才需求呈现出融合性、产业型、创新型、动态性等特点。体育产业人才缺口很大，高校培养的体育人才又存在体育产业就业困难的对峙局面，人才培养与人才需求存在比较严重的匹配度不够的问题。

2018 年教育部出台《高等学校体育学类本科专业教学质量国家标准》，目前我国开设体育教育、社会体育、运动训练、运动人体科学、民族传统体育五个传统体育专业的高校比较多。部分高校根据学校师资情况和教学条件开设了运动康复、休闲体育、体育英语、体育新闻、体育管理、体育工程等体育新兴专业。这些体育新兴专业在原来传统体育专业的基础上，因时代发展和社会需求而产生，是对体育学科的丰富和延伸，体育学科培养的体育人才也呈现出多样性、多元化发展。新兴体育专业大部分专业学科建设的时间不长，专业底蕴不及传统体育专业深厚，大部分高校开设的体育新兴专业都是在传统体育专业的基础上发展和建立起来的，在人才培养过程中，新兴专业的人才培养有很多传统体育专业的痕迹和影响。新兴体育专业在课程设置上依旧比较注重体育实践技能的培养和获得，注重体育基本素养、专业技能、知识获得和体育应用能力，与体育融合专业的背景关联稍显欠缺。产业思维、产业能力、工程实践、体育传播等方面的能力在人才培养中有所体现，但总体不够深入，与基于时代发展和市场需求的融合性人才能力跨度没有形成很好的兼容。体育产业发展中，高校培养的体育人才产业思维、产业意识、产业创新、产业能力不强，与真正的市场人才需求存在一定差距。

大部分高校的体育教育专业都是体育专业里的老牌专业、王牌专业，在后续新兴体育专业的人才培养中，受原来体育教育专业的影响，体育产业人才培养都存在重视体育理论综合知识，忽视体育产业实践的现象，或者专业实践的效果不好。高校教师身处学科发展导向的教学科研环境中，很多专业教师对社会实践参与的积极性也不高，部分行业经验丰富的从业人员因为学历、职称等问题又无法进入学校。大部分高校的实践教学师资力量明显不足，学生的行业实践应用能力培养现状不容乐观。体育产业面向市场共同参与市场竞争，不因体育的社会福利特性而有所改变。从业人员在工作岗位中需要开拓体育市场、拓展和维护客户、策划组织赛事、创新发展体育产品、管理和协调赛事、分析数据、传播和宣传信息等，从业人员要能很好地将体育综合素养与社会实践相结合，成为实操能力突出的体育复合型人才。高校可以建设实践实习基地,与企业开展深入的合作,开设专业实训、专业实习、专业见习、创新创业、产业实践、学术实践等多种类型的专业实践活动。大量引入有实践教学能力和行业工作背景的教师指导专业实践,通过加强实践教学,提升学生的实践操作能力,匹配体育产业岗位需求。

此外,在体育产业相关专业的培养方案中,大部分高校都存在课程开设与体育产业岗位需求匹配度不高的问题。体育产业相关专业的教学资源和教学条件有限,大部分高校只能依据本校现有的师资力量和教学条件开设课程,存在部分课程专业匹配度不高的问题,或者所开设的课程大同小异,专业自主性课程比较少。课程体系不完善,导致培养的人才或许能基本胜任体育相关的传统行业工作,但不符合体育产业人才的融合性需求。比如体育经营管理人员可以从事体育场馆的日常管理和经营,但对大型体育赛事的市场推广和营销就束手无策;体育赛事操作人员能胜任学校或者单位的体育赛事组织,却不能胜任赛事的市场推广、媒体传播等工作。

(2)体育赛事营销人员的岗位困境。

体育消费市场中,由于消费群体的项目爱好、经济能力以及对体育赛事的喜好,伴随自我消费需求的驱动,体育消费有很多的营销空间。综合现有情况,大部分体育赛事营销人员在推广赛事和提供体育服务时,基本都是相同的营销方式,墨守成规,没有基于消费者视角的更多营销策划的思考和组织,体育赛事的营销效果差强人意。从某种角度来说,现有的体育赛事营销只为某一特定群体,提供了体育消费服务,其他各类潜在的、可开发挖掘的体育消费客户群体存量还比较大。体育赛事营销市场具有多样性、动态性特征,需要体育产业从业人员不断地根据赛事的影响力、赛事水平、赛事地点、观众群体、数字媒体传播、赛程等综合信息,策划营销方案,照搬照套的营销方案必定不能适合各个类别的比赛。市场是动态而多变的,每一次赛事营销的效果都取决于多种综合因素的影响。体育赛事管理和营销也要快速地针对市场做出正确反应,及时调整,才能策划优质的营销方案。体育赛事的营销通常需要营销人员和不同的企业、部门、政府、消费者等进行密切的联系和沟通,组织管理赛事内部的工作,沟通协调赛事与各个部门、企业之间的外部关系,保障赛事的正常秩序,良好的公共关系是体育赛事顺利进行的必要条件。从当前体育赛事营销人员的岗位调查来看,部分体育赛事营销人员并不具备公共关系处理能力和良好的人际交往素质,不能很好地沟通协调企业、赛事、消费者之间的利益关系,没有实现企业、体育赛事和消费者之间的桥梁搭建,必定会对赛事的产业发展带来一定的负面影响,不能实现体育赛事营销的根本目的。体育营销正确的市场措施都来源于对市场的准确预测和市场信息的分析,结合现有情况,部分体育产业从业人员对赛事营销存在认知偏见,眼光狭隘,同时赞助企业由于行业的跨度,对体育赛事、市场和体育营销没有深层次的认识和了解,营销策划的关键信息没办法搜集,造成了企业赞助体育赛事存在风险,体育营销策划的风险也同样存在,使得体育消费者、赛事赞助企业、赛事本身都会受到利益损害。

面对体育产业、体育赛事发展的种种不足,体育产业的企业对人才持续培养的意识还并不强烈,往往都把发展重点聚焦在产业市场中,对企业的人才培养没有统一的规划和管理,激励机制也不明确。体育产业的人员培训依旧是常规产业的人员培训,缺乏针对性,没有抓住体育的特性,没有将产业发展和体育很好地结合起来,企业高层管理对体育产业人才培养的认识不足,关注度不够。日常赛事营销的工作人员主要是通过招聘引进的形式进入工作岗位,对在职在岗人员的个人发展规划、团队建设、企业文化等人力资源发展的高阶段基本没有后期投入。体育产业从业人员先天培养的不足，再加上后期进入岗位的重使用、轻培养，导致很多体育产业从业人员的工作能力没有进步，不能更好地为企业和消费者提供优质的赛事服务。体育产业从业人员的岗位发展困境、用人单位的管理规范和相关制度，都是体育产业亟待解决的问题。

3. 体育赛事专业人才的培养途径分析

（1）基于体育产业企业视角的人才培养策略。

体育产业是体育蓬勃发展的时代产物，是社会经济快速发展的市场需求，是人民日益美好的物质文化生活的迫切愿望。作为蓬勃发展的朝阳产业，体育产业将来的产业价值潜力无穷。体育产业的发展、体育产业人才的培养也有很长一段的路程要走，体育市场最重要的资产是人才，体育产业的开发与发展过程最重要的资产依旧是人才，体育产业人才是实施体育产业经济效益的重要主体。新时期体育产业发展需要创新意识、"体育＋"的复合型人才，对人才各方面专业背景要求层次高。在当前的现实情况下，重视体育产业人才，围绕人才、企业、社会和市场的需求发展，改变传统产业的人才思维模式，尊重体育产业的人才发展规律，建立良好的企业人才培养机制，用更科学合理的措施进行体育产业人才培养和建设是十分必要的。体育产业人才的培养和储备是在理论和实践的基础上，多方努力的长期行为，立足长远，科学构建人才培养机制，将为我国体育产业的健康发展提供保障条件。

体育赛事从筹办到举办有一个比较长的周期过程，体育赛事的营销策划更是从头到尾覆盖整个赛事过程。体育赛事营销人员一方面要满足体育赛事产业快速发展的需求，另一方面更要有预判的战略眼光，提前规划营销方案，预估赛事发展，为赛事开展做好前期赛事营销基础工作和后期赛事服务工作。体育产业发展日新月异，体育产业公司对所聘员工的后期培养十分重要,可以尝试以下培养策略,提高从业人员综合能力。第一,公司可以根据体育赛事的实际需要,有针对性地对公司的体育产业人员进行培训,在实践过程中不断强化员工的自身理论知识,不过分强调学历知识教育,不过分急于求成,立足长远。第二,健全激励机制,公司提供长远的员工个人规划发展方案,制订可以量化并可实际测评的指标,结合公司目标规划和绩效指标,采用内部、外部、定性、定量的多样考核方式,建立一种长期、有效的激励机制,增加员工的岗位贡献,促使员工的长线发展。第三,从员工的产业视角和产业思维出发,聘请不同产业的专家对员工进行专业化、多视角的培训,扩大员工的产业视角,拓展产业思维,使员工对体育产业有全面的、多元化认识和了解,能准确把握产业市场的工作开展。第四,从体育产业的专业性出发,聘请国内外长期从事体育产业工作的专家进行讲学,使员工充分理解体育产业的产业特点和发展规律,建构更加全面的体育产业知识理论体系。第五,通过培训和实践提高体育产业人员的营销意识,提高体育产业员工的营销技能和分析市场、策划营销、沟通协作的能力,提高员工的营销业绩,兑现绩效激励,激发员工的工作热情。第六,企业针对不同体育赛事,制订不同培养教材和培养方案,培训老师多样化,选择具有体育背景、营销背景、计算机背景、传播背景、管理背景等专业背景的教师授课,聘请体育产业的行业专家,实践指导具体赛事的产业规划,建立员工知识理论体系与产业实践相结合的专业桥梁。

（2）基于高校人才培养角度的体育产业人才培养途径。

依托国家体育产业的政策支持,社会经济的快速发展,体育产业作为新兴的、蓬勃发展的潜力产业,为社会提供了大量的就业岗位,体育产业高质量人才需求急剧上升,体育产业的关联性产业人才需求也同步增加。体育产业人才从功能上讲主要是体育产业的经营管理人才和实践操作人才,体育产业和相关性产业的人才功能呈现出产业性、实践性、交叉性、创意性等特点。高校是人才培育的重要教学机构,体育产业的人才培养立足于高校的教学理论,围绕体育产业的教学目标,落实体育产业人才培养的基本要求,以期专业理论知识在产业实践中发挥指导性作用。当前我国大部分高校的体育产业相关性专业的人才培养,由于受到专业调整滞后、培养方案区分度不高、师资力量相对封闭、实践平台缺乏、专业资源有限等情况的限制,体育产业人才培养存在"重理论、轻实践""重技术、轻产业"的教学不足。体育产业人才培养质量远远达不到产业岗位要求,高校体育产业相关性专业的毕业生就业不充分,而体育产业人才需求缺口又十分大,体育产业人才的现实需求与实际产出存在很大的矛盾分歧,以下将重点从高校人才培养角度阐述体育产业人才培养途径。

2010 年教育部发布《国家中长期教育改革和发展规划纲要(2010—2020 年)》提出创立高校与科研院所、行业、企业联合培养人才的新机制。2015 年,国务院办公厅发布《关于深化高等学校创新创业教育改革的实施意见》,提出探索建立校、企等协同育人机制,积极吸引各类有益资源投入创新创业人才培养。从国家对高校教育教学改革的文件中,我们可以看出,国家提倡高校教育教学进行创新创业改革,鼓励社会力量和社会资源加入高校人才培养的队伍建设中来,鼓励高校教学与行业发展、企业实践等社会需求进行融合,培养对接市场需求、社会需要的高校人才,努力实现高校的人才培养适合经济社会发展需要这一人才输送目标。

在国家创新创业教育教学改革精神的导向下,高校教学将社会经济产业主体融合进高校人才教育体系中,为人才培养起到社会需求前置的导向作用,进而优化人才培养过程,提高高校人才的社会适配能力。同时行业、企业的社会力量加入教学体系中,能够很好地弥

补学校教学一线教师在行业、企业实践经验不足的地方。这种专业
联合产业、创业的培养方式,是弥补高校体育产业人才培养短板的有
益尝试。基于高校人才培养角度的体育产业人才培养可以尝试从以
下几个方面展开。第一,修订体育产业相关性专业的人才培养目标,
摆脱原有的狭隘认知——体育产业是一个低门槛进入的产业领域,
来自管理、传媒、教育、商业、地产、经济、金融等领域的人才并不能很
好地承担体育产业岗位职责,体育产业有其自身的行业特征和行业
规律,需要高校培养真正懂体育产业、实践体育产业的高层次专业人
才来支撑体育产业将来的发展。修订人才培养目标,明确体育产业
人才培养体系,培养体育产业市场需要的人才。第二,高校尝试重构
课程体系、改变教学方式、转变教学观念、修订人才培养方案,这是体
育产业需求结合创新创业改革的人才培养的重要内容。体育产业教
学创新就是促成各类有利教学资源,在产业教学、专业要求和创业发
展之间的流通互动,引导体育产业资源、社会资源向体育产业人才培
养方向流通,为培育高质量体育产业人才创造更多有利、便利的教学
条件。第三,丰富课程体系,体育产业相关性专业的人才培养课程体
系依旧遵循本科教学教育的基本规律,加入市场开发、产品开发、组
织策划、产业应用、数据分析、媒体传播、语言能力、市场维护、创新创
业等课程,重视教学实践环节,设计进入市场、进入产业、进入岗位的
实践课程和教学实习。第四,提升教师队伍的产业水平和实践能力。
体育产业相关性专业的人才培养目标达成、课程体系完善等方面都
需要师资力量的强力支撑。聘请体育产业企业高层决策人员、执行
人员为学校教学实习导师,鼓励在岗教师深入参与体育产业社会兼
职工作。通过"引进来,送出去"的方式建设一支专业理论知识丰富、
产业实践经验丰富的体育产业教师队伍。采用复合型、双师型的教
学团队,实现体育产业思维、专业知识、实践能力的体育产业人才培

养。第五,建设和完善教学实践实训平台。根据地方体育产业发展和学校实际条件,创新创办学校自主的体育产业实体产业,建设和完善教学与实践高度融合的实践实训平台,提升体育产业人才创新创业培养的效能。第六,建立人才培养的配套协同机制。体育产业人才的融合培养需要高校结合社会资源和社会力量,进行融合教学培养,在这个过程中,多方利益诉求的不同和冲突能否突破,直接关系人才培养质量。社会资源和社会力量参与人才培养更多的是一种对高校的福利输送,短期对自身发展没有直接益处。教师的企业挂职和实践对教师的职业发展也提出了更高的要求,丰富自身理论水平、科研能力的同时,教师要进行大量的体育产业经验积累,专业教师将承受极大的工作负荷和职业压力。校、企联合的企业方为学校提供实践、实训平台,也将承担很多成本风险、管理风险。多方主体参与的教学培养,需要建立人才培养的配套协同机制,以便顺利地、更好地实现体育产业人才培养。例如,多方主体共同决策、共同研究,制订协同配合的培养目标、培养方法、培养平台、培养体系,实现相关主体的利益诉求;建立薪资互通机制,实现体育行业、体育企业、高等院校人才资源共享、人才互通,建构协作和优化的教师队伍;建立资源互通机制,实现高等院校、实践平台、体育企业的资源共享,建立资源团体优势。

第四节　改革赛事体系,促进赛事整体发展

一、比赛形式多样化,提高赛事参与

1. 完善竞赛体系

美国高校的体育联赛一般都有选拔赛、入围赛、淘汰赛、半决赛、

决赛等比赛形式,这种竞赛系统能激发各参赛队伍的积极性,提高比赛的观赏性,又保证了竞赛的合理性,其赛事体系值得中国大学生羽毛球锦标赛学习和借鉴。中国大学生体育协会、中国大学生体育协会羽毛球分会可以根据我国高校羽毛球参赛队伍的水平、区域经济、群众羽毛球运动开展等综合情况,进行赛事区域划分。把不同竞技实力的高校进行划分,把不同地域的参赛队伍进行划分,分层次、分区域进行前期选拔赛的比赛。在此基础上形成全国范围内的竞赛区域和梯队建设,对不同水平、不同区域的高校队伍进行有针对性的帮扶管理。例如,中国大学生羽毛球锦标赛可以设置省内选拔赛—区域联盟选拔赛—赛区入围赛—淘汰赛—半决赛—决赛的比赛形式。选拔赛分为省内选拔赛和区域联盟选拔赛,省内选拔赛主要由本省的教育厅体艺卫处负责主办,省内比赛由于地址位置上的优势和便捷,可以设置主、客场的赛制,比赛经费开支也比较少。选拔赛由各省教育厅主办,各高校参赛的积极性会比较高,有利于扩大比赛的规模,省内选拔赛可以考虑根据本省的实际情况和水平,向中国大学生体育协会、中国大学生体育协会羽毛球分会申请本省的赛制,赛制的选择考虑省内水平、比赛参加率、社会影响力、科学合理性等综合因素。省内选拔赛的前四名队伍参加区域联盟选拔赛,与区域联盟里的其他省份高校比赛,区域联盟选拔赛可以根据实际情况考虑是否设置主、客场赛制,也可考虑向中国大学生体育协会羽毛球分会申请区域联盟的赛制。根据区域内的羽毛球水平,从有利于开展羽毛球运动、扩大社会影响力、加速赛事媒体宣传、选拔有实力的队伍进入赛区入围赛等方面综合考虑,量身定制区域联盟内选拔赛赛制。区域联盟赛的前四名队伍进入入围赛,入围赛属于交叉赛,分层次、分区域进行区域联盟选拔赛后,再进行不同层次、不同区域之间的区域联盟交叉入围赛,这样既能激发各个不同区域高校的参赛热情,提高赛事参与率,又可以提高赛事的观赏性,为部分水平落后区域的高校羽毛球队伍提供学习交流的机会。在选拔赛和入围赛的基础上,中国大学生羽毛球锦标赛可以进一步推出更多提高赛事参与率、提高赛事观赏性的淘汰赛比赛形式、半决赛比赛形式、决赛比赛形式,形成层次多样化、形式多样化的竞赛体系。通过这种形式多样的比赛能够接触中国大学生羽毛球锦标赛赛事的高校会增多,亲历中国大学生羽毛球锦标赛赛场参加比赛的学生运动员也会增多,亲临现场观看中国大学生羽毛球锦标赛的观众也会增多,羽毛球运动也将慢慢地在高校中更加普及,受到越来越多的大学生喜欢。这种比赛形式的多样化,会让越来越多的大学生有机会亲历中国大学生羽毛球锦标赛,感受中国大学生羽毛球锦标赛带给他们的体育快乐和青春梦想。羽毛球运动不会被认为是一种精英运动,每个人都在羽毛球比赛中收获自己的体验,羽毛球运动会走入大学生的日常生活中。当越来越多的学生在中国大学生羽毛球锦标赛中找到不同的快乐源泉、价值归属时,中国大学生羽毛球锦标赛就可以最大限度地挖掘全国不同地区高校羽毛球运动的潜力,提高高校羽毛球运动的普及率,让有爱好、有梦想的羽毛球学生有展示的机会,让羽毛球运动给更多的大学生带来快乐。

在全国范围内不同竞赛区域、不同梯队的高校队伍中,由于水平接近和地区位置靠近,竞赛区域内各个高校联盟可以自发组织各种羽毛球校际联赛、校内联赛、业余交流赛等赛事。以高校羽毛球联盟的局部形式,形成羽毛球运动新的发展态势和团体优势,促进当地高校羽毛球水平的提高和当地群体体育羽毛球运动的开展,为中国大学生羽毛球锦标赛营造良好的赛事社会氛围、赛事文化氛围。在此基础上,各个高校、各个高校区域联盟可以根据自己的学校文化、队伍特点和地域特征塑造高校羽毛球赛事品牌、羽毛球联盟赛事品牌,实现自身赛事的市场化推广。

2. 建立赛事组别

体育比赛中高水平运动员参加比赛的占比越多,比赛的整体水平就越高,代表中国大学生羽毛球锦标赛的竞技水平就越高。中国大学生羽毛球锦标赛分为丙组、丁组两个组别。为了响应国家体教融合、阳光体育活动的开展要求,中国大学生体育协会下的众多项目都开始根据学生运动员的招生录取来源、训练背景设置组别,主要设置了校园组和专业组。校园组主要是正常参加普通高考非体育相关专业的学生,专业组主要是进入高校前有一定运动水平、高考录取有高水平运动员、单招、特招省份的学生运动员,或学籍挂靠类运动员,或体育相关专业的学生运动员。校园组、专业组按照组别参加不同级别的比赛,所有高校的学生都有资格代表学校参加比赛,所有高校的学生都有平等参赛的机会。高水平的学生运动员虽然进入专业组的比赛,但对整个高校的体育赛事水平有带动作用,高校体育赛事的商业价值也会进一步提升。第二十四、二十五届中国大学生羽毛球锦标赛开始设置丁组的比赛,相比于之前的丙组比赛,参加丁组比赛的基本都是高水平运动员。这是中国大学生羽毛球锦标赛在赛制上的明显进步,对提高中国大学生羽毛球锦标赛的整体水平有直接作用。从参赛队伍和参赛人数上来看,第二十四中国大学生羽毛球锦标赛有 20 支参赛队伍、156 名运动员,第二十五届中国大学生羽毛球锦标赛有 20 支参赛队伍、300 余名运动员,丁组比赛的参赛队伍和参赛运动员有上升趋势。经过丁组赛事的不断成熟,中国大学生羽毛球锦标赛可以在丙组、丁组的赛事基础上再进行赛事的融合和交叉,探索新的赛制,使得中国大学生羽毛球锦标赛的赛事组别越来越多,比赛越来越精彩。

二、增加赛事观看,加快赛事传播

相比于 CUBA 的观众上座率,中国大学生羽毛球锦标赛还有很大的提升空间。处于后发阶段的中国大学生羽毛球锦标赛应该创造各种可能、各种条件,把精彩的羽毛球比赛呈现在大学生面前,提供各种便捷条件让大学生近距离感受羽毛球运动的魅力,观看中国大学生羽毛球锦标赛,增加赛事曝光率,加快赛事传播,进而吸引更多的大学生参加羽毛球运动。中国大学生体育协会羽毛球分会和承办单位可以积极协商,提供各种赛事方便,增加赛事的上座率。以人为本,合理规划赛事进程,充分考虑赛事观众的需求和便捷。合理规划赛事,一方面促进赛事的快速发展,另一方面贴合观众的赛事享受需求。中国大学生羽毛球锦标赛大部分赛事都是在高校里举行,可以充分考虑赛事当地省、市的学生课程情况,避开学生有课的高峰段时间,为大部分学生提供时间上的方便,提高赛事的观看率。比赛场馆的选择也要充分考虑地理位置,选择大学城或者大学相对比较聚集的区域,或者增设赛事专用公交线路,方便学生赛事出行,减少学生观看比赛的阻碍。

目前中国大学生羽毛球锦标赛主要是以某个高校承办当年当届比赛的方式进行,有明显的高校主场作战优势,对于大部分其他高校参赛队伍来说,承办高校占据主场作战的天时、地利、人和优势。相反,主办城市和承办高校几乎享尽赛事社会影响力的福利,对外省羽毛球爱好者也带来了很大的赛事观看上的不方便。主客场赛制改革、规则的改革,能科学合理地避免这些观众观赛的不方便。中国大学生羽毛球锦标赛可以部分阶段的赛事采用主客场制,比如部分团体赛、省内晋级赛、区域赛采用主客场制,部分比赛参考 CUBA 采用双淘汰赛。一方面可以提升赛事质量和赛事传播,另一方面公平公正的同时给更多队伍更多的机会。中国大学生羽毛球锦标赛依靠观赛、网络和新闻等途径进行各种形式的社会传播。比赛现场是中国大学生羽毛球锦标赛以观众为本,提供观众感受羽毛球竞赛魅力的好时机,比赛现场的上座率直接体现了赛事的商业价值。现场观赛的上座率提升,又可以带动更多的官方或非官方的网络直播、新闻报道关注,社会关注度的提升可以拉动赛事组织、赛事管理、赞助支持、运动员比赛投入等赛事的各个环节向更积极的方向发展。

三、强化赛事计划,科学规范赛事组织

中国大学生羽毛球锦标赛的赛事计划、赛事章程是中国大学生羽毛球锦标赛赛事开展的重要依据,赛事组织、赛事管理和赛事运营都要严格遵守。赛事计划和赛事章程关系到高校大学生运动员的队伍配置和日常训练,最终直接影响到赛事市场推广的经济成效和社会效果。完善、强化中国大学生羽毛球锦标赛的赛事计划、赛事章程,可以直接提高中国大学生羽毛球锦标赛的赛事效果;科学规范中国大学生羽毛球锦标赛的赛事组织,可以使赛事持续健康发展。中国大学生羽毛球锦标赛在制订赛事计划、赛事章程时,要在组织管理、赛事协调、赛事推广、媒体宣传等方面结合赛事的具体情况,发挥赛事自身的优势和特色,彰显中国大学生羽毛球锦标赛的校园文化特色,穿插推出时尚、新潮、大众欢迎的体育竞赛表演项目。加入各种内容丰富、形式新颖的开幕式、闭幕式、颁奖仪式和赛间体育表演,采取各种措施提高中国大学生羽毛球锦标赛的赛事服务内容和服务质量。创造多姿多彩、博人眼球的赛事内容,高度满足观众的赛事享受,全方面提升中国大学生羽毛球锦标赛的赛事效益。

赛事组织和赛事管理关系到赛事效益兑现。中国大学生羽毛球锦标赛的赛事管理必须符合既定赛事章程的具体要求,遵循中国大

学生羽毛球锦标赛的赛事规律，提供各类赛事条件。例如做好赛事区域的天气预报工作，提前做好各种突发状况恶劣天气的应对工作；加强赛事宣传的同时，监管市场，实时调控票价，在实现赛事最大门票收益的同时，使社会传播最大化；提供符合赛事要求的、性能稳定、质量良好的场地器材，保障比赛的顺利进行，实现运动员最高水平发挥；尽力做好赛事的编排工作，避免过早出现强强相遇，影响比赛决赛阶段的观赏性；培训好符合赛事等级的裁判员，熟悉裁判规则和临场执裁，公正执裁的同时为比赛树立专业、权威的裁判赛事形象，提高赛事的专业性和权威性；组委会和承办单位要抓好赛事赛风文化建设，公正报名、公平比赛，不做有违高校学风考风、有违体育道德、弄虚作假的事情，维护良好的赛事氛围；承办单位要合理预估，为参赛的工作人员、教练员、裁判员和运动员提供良好的衣食住行条件，为所有人创造只需一心一意投入比赛的良好环境。

四、完善法规条例，优化赛事管理体制

完善中国大学生羽毛球锦标赛相关事项的法规条例，能保证中国大学生羽毛球锦标赛合理、合法地进行赛事组织管理和市场推广。法规条例的合理性、可操作性，能保证中国大学生羽毛球锦标赛持续健康的发展。目前中国大学生羽毛球锦标赛的各级单位、各级机构职能分工、责任分担并不明确和具体，负责赛事市场推广和商业开发的职能部门基本没有，很多工作都处于谁都管、谁都不管的混乱状态。如何从源头上、从规章制度上，督促中国大学生羽毛球锦标赛的市场推广，是值得赛事各个部门深思的问题。

科学、合理的法规条例，能保障协会、高校、赞助商、运动员、教练员等多个主体的合法权益，有效激发各方贡献中国大学生羽毛球锦标赛的积极性力量。中国大学生羽毛球锦标赛的法规条例应该体系

健全、内容完善,涉及协会、高校、赞助商、运动员、教练员等多个方面。第一,以国家宪法、体育法等国家法律为最高目标依据,保障法规条例的约束力和法律效力,完善中国大学生体育协会、中国大学生体育协会羽毛球分会的法规条例,创新赛事制度,保障法规条例和规章制度的可靠性和权威性。中国大学生体育协会、中国大学生体育协会羽毛球分会在法规条例的指导下,进行工作部署、职责分工和考核问责,细化各个主体的工作内容和各个主体之间的协调配合,形成职能分工明确又相互沟通配合的良好工作氛围。同时对违反法规条例的情况进行处罚,保证法规条例的权威性和有序性。各个高校在大学生体育协会羽毛球分会的法规条例下,规范高校队伍的管理行为,保障学生运动员的招生、学习、生活、训练、比赛、奖惩等方面的基本权益,有助于学生运动员的全面发展。第二,树立法规条例的权威性,赛事各个环节严格按照法规条例进行,同时加强法规条例的科学严谨和创新发展。在学生运动员招生、赛事财务收支等方面做到公平公正、公开透明,在推进中国大学生羽毛球锦标赛市场化、产业化、社会化进程中,根据推广进度,实时完善法规条例,保证法规条例的创新发展、赛事的商业开发,尽可能使法规条例的建立与完善在赛事市场化道路的过程中完成,以协会或联盟或市场为主体,弱化政府和协会的政府行为干预,慢慢走出一条类似美国 NCAA 社会主导型的运作模式——代表队由高校组建,不受外界干扰,规章制度的制订和修改有自身严格的授权和表决程序,各会员学校可以充分表达自己的意愿。第三,完善中国大学生羽毛球锦标赛的市场化相关工作的法规条例,加强赛事自身的市场化管理,减少政府干预,改变原来集权式的组织形式,采用民主表决形式保证各个赛事环节主体的知情权、决策权,加大协会在市场推广方面的自主权,提高各个赛事参与主体投入赛事的自发性、积极性。通过转变组织形式,弱化体育行政管理功能,以市场、协会为管理主体,简化组织机构,简化审批流程,遵从市场机构运作规律,推进中国大学生羽毛球锦标赛管理体系不断完善,紧跟市场脚步,拓宽中国大学生羽毛球锦标赛的竞赛市场和经济市场。

五、提高赛事软实力,强化赛事自身建设

参赛队伍的技战术水平、比赛水平、对抗程度决定了整个体育竞赛水平的高低,是吸引观众观赛的重要方面,是中国大学生羽毛球锦标赛提高赛事软实力的基础内容。提高中国大学生羽毛球锦标赛的赛事竞技水平,可以从中国高校的教练员、裁判员队伍着手。高校教练员的综合能力是决定中国大学生羽毛球锦标赛竞技水平的基层力量,容易被忽视,却是重要的影响因素。基于教研经费的有限和各种综合条件的限制,各个高校应该根据实际情况,在可操作的空间范围内,尽可能不断提高高校自身的羽毛球教练员综合素质和能力,采用"走出去、请进来"的形式,强化自身队伍的软实力建设。第一,高校可以组织羽毛球教学、科研和训练方面的老师到小学、中学的训练队兼职执教,一方面参与羽毛球后备人才小学和中学阶段的培养,扩大将来高校羽毛球人才的选择数量和范围;另一方面充实自身教学、训练方面的经验,提高带队管理的水平。还可以与当地的羽毛球后备人才培养基地建立密切的合作,到各类基地和运动队实习、带队,提高高水平运动员训练效果,建立专业高水平运动员与高校羽毛球学生运动员长期的联赛、队内赛交流学习的形式。第二,高校羽毛球教练员还可以建立与社会羽毛球俱乐部的日常交流和联系,把高校羽毛球带出去,把社会羽毛球俱乐部请进来。通过交流赛提高高校队伍的实战水平,同时把高校羽毛球队伍推入当地市场,扩大高校羽毛球队伍在当地的社会影响,争取到日常的小额或大额的队伍训练和

建设的开销赞助。通过这种高校羽毛球队伍的当地市场推广，实现中国大学生羽毛球锦标赛的基层推广，一步一步慢慢累积，必将为中国大学生羽毛球锦标赛带来良好的社会推广效应，有利于中国大学生羽毛球锦标赛的赛事推广和商业推广。第三，中国大学生体育协会羽毛球分会可以充分利用中国大学生体育协会的教练员、裁判员人力资源，针对羽毛球专业组、普通组不定期开展教练员学习、培训、参观交流等活动，从理论知识层面提高整个高校羽毛球教练员的知识储备，提升羽毛球教练员整体水平。同步定期举办不同级别的羽毛球裁判员培训，鼓励更多的学校、社会羽毛球爱好者参与到羽毛球相关的活动中来，使各省具有开展较高水平羽毛球比赛的裁判队伍，建设好羽毛球运动开展的基层条件，吸收更多的人来参加羽毛球运动相关活动，从基层层面提高羽毛球群众参与和群众水平，为中国大学生羽毛球锦标赛创造更好的群众体育社会基础。第四，各个高校可以聘请当地高水平、专业羽毛球培训基地或俱乐部的高水平教练员兼职到学校客串教练，将先进理念、先进训练方法带入高校，提高高校的羽毛球训练成效。同步吸引当地社会资源、社会力量合作管理学校羽毛球队伍，给予社会赞助部分代理权、冠名权和宣传权等商业推广的广告权限，获取大量的社会资金支持，促进队伍更好地管理和发展。第五，中国大学生羽毛球锦标赛可以合并赛事主办权，中国大学生体育协会羽毛球分会与中国羽毛球协会共同主办赛事，一方面由于中国羽毛球协会的加入，可以得到中国羽毛球协会部分社会资源的补充，提高中国大学生羽毛球锦标赛的比赛档次，扩大社会知名度；另一方面借助中国羽毛球协会的平台，中国大学生羽毛球锦标赛可以争取到更多的社会赞助，获得更多的赛事赞助资金，赛事活动开展更加充分。

第五节　加强联合协作，实现赛事持续发展

在中国大学生羽毛球锦标赛的开展过程中，各个赛事主体间就存在职能的主次之分、行政责任的大小之分，以及赛事各个环节之间的合作与协调，赛事进行中各个主体有不同的利益诉求，实现赛事的健康发展、均衡发展，需要中国大学生羽毛球锦标赛在整个过程中合理确定权益分区、职责分工和联合协作。目前中国大学生羽毛球锦标赛主要是以中国大学生体育协会的相关行政指令的形式统筹安排，中国大学生体育协会的行政决策对比赛的影响比较大。推入市场开发和商业运营后，中国大学生羽毛球锦标赛将面临行政放权的开始，赛事运营、承办单位和各个高校等赛事相关主体都将有更多的赛事自主权。进入市场的前期，市场经济中与赛事相关的赞助商、媒体、赛事策划、赛事管理等主要工作主体对赛事的影响作用还比较小，还不能真正与中国大学生羽毛球锦标赛很好地连接，实现真正意义上的赛事推广。随着体育产业的市场经济发展，中国大学生羽毛球锦标赛的市场深入，赛事会逐渐减少行政依赖，行政决策主要对赛事进行宏观管理与协调，赛事逐渐以市场情况来调节市场行为，以消费者的需求为赛事开展导向，逐渐自发形成价值规律的市场经济运行，进一步推进中国大学生羽毛球锦标赛与市场经济的融合发展，市场参与在赛事过程中逐渐凸显出主要作用，中国大学生羽毛球锦标赛将慢慢实现从行政决策主导到市场参与的经济运作。在市场商业推广中，中国大学生羽毛球锦标赛以赛事的持续、稳定、健康发展为主要目标，经济发展为次要目标，处理好中国大学生体育协会、赞助

方、媒体、高校等多方的利益需求,融洽中国大学生羽毛球锦标赛赛事市场赖以生存的政治、经济、文化环境,使赛事在和谐、健康的市场环境中持续发展。

一、多方主体的协调

中国大学生羽毛球锦标赛的赛事推广需要中国大学生体育协会、赛事推广、赛事赞助、高校等有明确职能分工的同时形成合力。通过激发这些赛事主体部门的积极性,可以有效提升赛事质量、提高服务供给质量。

首先,在中国大学生体育协会、中国大学生体育协会羽毛球分会的主导下联合其他主体形成合力和协调。中国大学生体育协会从观念上改变办赛思路,不把赛事举办当成政治任务,提高赛事市场服务意识,考虑建立赛事举办、赛事服务、赛事市场化水平等方面的年度考核指标,通过指标考核和利益反馈激发各个主体部门的积极性,同时做好协调工作。中国大学生体育协会要充分开发各方面的赛事资源,为高校队伍创造条件、提供方便。中国大学生体育协会与中国中学生体育协会、中国羽毛球协会达成战略合作关系,加强小学、中学、大学和专业运动员之间的交流融合,搭建一个跨度广、纵深长、水平高的羽毛球学校赛事平台和人才输送体系。充分发挥高水平羽毛球运动员的水平带动作用,辐射到各个小学、中学和大学,提高不同层次学校的队伍水平,从整体上提高学校羽毛球竞技水平。不仅给学生运动员提供竞赛的畅通渠道,还为学生运动员提供向上晋级的人才输送渠道。在高层政策支持上建立学校羽毛球竞技平台,在基层工作上激发教练员和运动员的积极性。中国大学生体育协会、中国大学生体育协会羽毛球分会要加强对各学校羽毛球师资队伍的建设和监督,强调各高校羽毛球师资队伍建设的重要性,为教练员提供更多的职业提升培训和上升机会,建立各个高校羽毛球运动队成绩与教师评价的合理对接机制,形成对羽毛球教师和教练员的监管、督促和帮扶方案。对中国大学生体育协会、中国大学生体育协会羽毛球分会的组织管理者进行体育经济、体育产业、市场开发、商业运作、策划组织主题培训,提升赛事组织管理方的产业知识储备和体育产业意识。在赛事的精神文化建设方面,通过各种途径和方法增强中国大学生羽毛球锦标赛的赛事影响力和社会认同,增强羽毛球教练员、运动员的赛事成绩认可、自身职业认可,加大赛事成绩突出高校、学生运动员、教练员的形象宣传,建立中国大学生体育协会羽毛球分会、开展羽毛球运动高校、学生运动员、教练员正能量形象传递,丰富中国大学生羽毛球锦标赛的精神文化建设。在物质奖励方面,通过市场推广获取更多的市场资金支持,从日常训练、赛事参与、赛事成绩等方面考虑,为各个高校、教练员、运动员提供训练奖励,从赛事方面综合考虑各个主体部门的工作积极性和工作有效性,为各个主体部门进行物质奖励,鼓励他们提供更好的赛事管理和赛事服务。

其次,在中国大学生羽毛球锦标赛的产业化运作主导下形成多方主体的合力和协调。为提升中国大学生羽毛球锦标赛市场推广整体的社会合力和市场吸引,可以形成类似 NCAA 的民主性、非政府性、分级分类的层级结构。中国大学生羽毛球锦标赛的最高领导委员会由各个不同主体代表组成,代表来源多样,对赛事的相关事务行使决策权,下设各个层级机构对所管辖领域的各类专项事务进行管理和协调,同时对最高领导委员会形成投票性意见反馈和建议。以中国大学生羽毛球锦标赛的最高领导委员会协调协会、赞助商、媒体、高校和社会部门,联合开展、共同出力、分工明确的形式形成利益共同体,这样任何一个赛事主体都不能以自我意志为转移、自我利益诉求为出发对赛事的商业运作进行个别操控,赛事收益所得根据各个主体部门的赛事贡献、赛事效益进行分配。每个主体都是中国大学生羽毛球锦标赛最高领导委员会的权利方,对中国大学生羽毛球锦标赛的各类事项享有集群决策参与权和反对权,这样可以保证各个主体的利益诉求尽可能最大化实现,不容易造成多方主体间的利益冲突。这种最高领导委员会的下设层级结构可以形成独立、公平、稳定的赛事管理制度,初步实现赛事的健康平稳发展与各方主体利益间的协调和统一,形成比较稳定的商业合作关系,有利于中国大学生羽毛球锦标赛市场实践中顺利进行赛事内部运作,加快赛事与市场融合发展的进程。为提高中国大学生羽毛球锦标赛的社会影响力和社会化程度,赞助商与媒体等主体的合力作用十分重要。实力雄厚、赞助稳定的赞助商可以为中国大学生羽毛球锦标赛提供充足的赛事资金保障和充足的赛事宣传资金预算,媒体宣传中国大学生羽毛球锦标赛赛事的同时,可以建立赞助商良好的企业形象,提高赞助企业的社会知名度。赛事的媒体宣传机构要通过微信、微博、官网、校园网、政府网、直播平台等媒介平台,以赛事报道、赛事摄影、赛事直播等多种形式,多渠道多方面进行全方位的宣传,通过周密的宣传推广方案,提高赛事赞助商赞助赛事的安全感和积极性。通过这些方案实践,实现赞助商与媒体宣传的双向收益,通过赛事过程中不同主体的多方收益,拓宽赛事的融资通道。例如中国大学生羽毛球锦标赛做好赞助、宣传等融资形式,加大赛事纪念品、吉祥物、文化衫等实物产品的开发、销售,开发中国大学生羽毛球锦标赛相关文化产品的市场,通过赛事自身资源的开发,提高中国大学生羽毛球锦标赛的整体效益。另外,中国大学生羽毛球锦标赛要加强与社会市场的合作交流,利用体育产业社会化、市场化的契机,更深入地开发赛事资源,利用不同高校、不同省份、不同区域的羽毛球运动发展形势去设置不同的组织策划方案,下放权力、全面统筹协调,让不同高校、不同省份、不同区域作为独立的法人进行赛事的商业运作,形成自身优势,同时利用社会资源优势,拓宽赛事资源的来源渠道,通过与社会、企业等建立市场合作伙伴关系,运用企业法人市场机制,营造中国大学生羽毛球锦标赛的商业市场氛围。在中国大学生羽毛球锦标赛的产业化运作主导下,中国大学生体育协会羽毛球分会要积极开展高校羽毛球的赞助、广告、转播、直播等羽毛球产业链条,形成围绕中国大学生羽毛球锦标赛的自主经济循环,尽可能打造一条自给自足的市场化、商业化、产业化的链条经济。

最后,在学校体育工作开展的社会形势主导下形成多方主体的合力和协调。在学校体育工作的开展中,政府部门在体育事业的发展中起着重要的作用。中国大学生羽毛球锦标赛与羽毛球职业赛事存在很大的不同,大学生是赛事的主要参与者,商业化程度不及职业体育赛事,但基于学校体育赛事在体育后备人才培养方面的基石作用,学校体育赛事的市场化运作依旧需要一定的行政供给,通过国家层面的相关法规制度对学校体育赛事进行宏观的规范、监督和指导,优化学校体育赛事的产业结构和管理体系,加快学校体育赛事的实体化、经济化发展,使得学校体育系列赛事在市场经济的指导下,依旧实现我国体育后备人才培养的原始目标。政府部门对中国大学生羽毛球锦标赛的关注,对赛事的扶持和新闻导向可以引领部分社会资源进入高校羽毛球赛事,能加大高校羽毛球运动和赛事的宣传与推广,增强校园羽毛球的社会影响力和校园羽毛球的文化渗透。同时鼓励省、自治区、直辖市的教育厅和体育局协助参与,发挥地方教育主管部门的号召作用,提高对体育赛事市场运作的重视程度,并从宏观上指导参与当地的学校体育赛事的市场工作。对于学校、企业来说,地方教育主管部门的重视和指导,将为学校体育赛事市场工作开展带来很大的鼓励和鼓舞。在政府、中国大学生体育协会的宏观调控下,各个学校应该发挥自身的主观能动性,增强自身的体育产业意识,在赛事的商业推广上实现自身的独立性权益主张、自主性产业建设,保障体教融合中体育、教育的有序开展,让体育回归教育,成为大学生健康生活的一部分,成为学校教育的一部分,不违背学校体育的初衷和使命。

二、高校自身的内部协调

体育赛事的市场推广工作是一项需要多方支持、配合的复杂工程,参与主体比较多,影响因素也比较多,高校作为其中一方主体,加强自身的内部基础建设和内部协调统一,能够为高校体育赛事的市场推广提供一定基础条件。高校可以从内部梳理体育竞赛的法治化、程序化、市场化过程,配合中国大学生羽毛球锦标赛的市场推广,从自身对学校羽毛球队伍的招生、教学、训练、竞赛、升学等方面制订相应的学校规章制度,例如奖学金、助学金、保送升学等方面的激励,让体育回归教育体系,加快学校体教融合的推进,使大学生羽毛球运动在校园健康持续发展。在现有的高校羽毛球队伍建成后,高校领导层面要重视队伍的发展,成立主抓高校体育工作、竞赛工作的领导小组,主要负责本校的高水平运动队的建设和管理,进行多方内部协调,实现学校资源的最大开发和最大利用,为运动员的教学、训练提供各种条件保障。如提供充足的羽毛球训练场地及各种素质训练的硬件配套设施,及时更新场馆设施;校医务室设置运动理疗和运动康复门诊咨询,加快运动员日常训练后的身体恢复;设立学生运动员训练补贴,同时提供一定的学生运动员营养补给;设立队伍管理人员、教练员、其他工作人员一定量的工作补贴,鼓励工作队伍对运动队的整体投入和贡献;重视运动队的招生、管理和经费投入问题,使运动队的日常工作能有序平稳地开展;树立品牌意识,对本校的羽毛球队伍进行校内外宣传,邀请赞助商冠名比赛、冠名队伍,在本省内获得一定的社会知名度;与临校建立校际交流赛,为学生运动员提供更多比赛实践机会,建立临校羽毛球联盟,共享部分教练员资源和硬件资源,使高校间相互实现资源互补、优势发挥和相互带动;加强学校宣传部的建设,与学校羽毛球队伍长期保持联系和报道,扩大当地的市场知名度;高校可以结合教学、各类校园活动,开展丰富多彩的羽毛球趣味活动或比赛,引导大部分学生参与到羽毛球运动中来,充分调动师生的积极性,为羽毛球赛事、羽毛球队伍积累更多的资源。高校通过各个部门和机构的协调配合,能够为本校的羽毛球队伍创造越来越多的有利条件,高校的羽毛球运动水平将具备更强的竞争力和吸引力,高校羽毛球队伍的市场化,就能进一步推动中国大学生羽毛球锦标赛的市场化。

高校体育工作资金主要来源于政府拨款,中国大学生羽毛球锦标赛的参与高校可以联合社会资金进行有效合作,扩大高校体育工作的资金来源。通过中国大学生羽毛球赛事的市场推广,为社会企业实现赛事赞助效应,互惠互利的商业模式有利于形成高校与赞助企业间的良好产业链,建立稳定的校企合作关系,为学校的羽毛球队伍建设带来更充足的资金支持。例如紫光集团对清华大学 CUBA 篮球队的赞助支持,一方面清华大学的 CUBA 男、女篮球队伍因为充足的经费支持,有更好的条件,更有可能取得更好的竞赛成绩,学校知名度又进一步提升,学校的体育文化软实力增强;另一方面,借助 CUBA 联赛的影响力和清华大学的学校形象,紫光集团能在社会树立良好的企业形象和教育情怀印象。在训练竞赛方面,我国大部分高校的羽毛球科研和训练都是凭经验进行的,特别是羽毛球训练,高校的羽毛球训练应该逐步对标羽毛球专业队的训练,建立健全科学教育、运动队管理、科技服务、科研攻关和后勤保障,训练上提升训练的科技含量,管理上遵循法制化和人性化相结合的管理,通过对标专业队的训练和管理,建立和优化运动队的各种运行机制、管理机制和目标机制,协调体育系统的内外因素,进而促进高校体育运动队的稳定持续发展。

第六节　建构运作模型,加快赛事市场推广

一、非营利性组织的关系营销

新中国成立以来,随着经济的发展,我国的资源配置方式经历了从政府主导转变成以市场为中心的方式引导资源配置,政府在很多领域都实现了放权管理。大学生体育赛事的市场推广、商业运作类似于以市场为中心的学校体育资源配置。但学校又不同于其他经济社会中的机构和组织,学校体育有着提高学生体质健康、培养体育后备人才、建设体育强国的社会责任担当。学校体育赛事的市场推广、商业运作是学校体育将来广度、开放、创新的一种发展,将为学校体育带来更多利好的发展空间和前景。改革开放以来,非营利性组织机构在市场经济的改革和发展中承担着越来越重要的社会责任和义务,发挥着市场经济中很多营利性组织机构、政府、企业等所不能及的社会作用。从社会服务的角度来看,学校属于非营利组织机构,不以获取经济利润为主要目的,能为社会提供公益服务,执行政府授权的教育公共事项,学校体育具有明显的社会教育功能、服务功能,学校体育不会对组织活动中的相关方进行明显的利润分配。营利性组织在营销关系中将关系营销的关注焦点集中在顾客、竞争者之间,学校体育的市场关系具有"多重参与者"的特点,学校体育赛事的利益

相关方主要有体育消费者、学校体育相关工作人员、赛事赞助方、体育部门、教育部门等。在经济迅速发展的几十年里，营利组织与非营利组织的某些方面逐渐模糊，并发生着相互的交叉、重叠等适应市场经济体制的改变。非营利性组织由于其非营利性的属性，在资源获得方面遇到了一定阻力，为了能获取资源，保证自身的基本发展和基本需求，非营利性组织在市场经济的关系营销中，与利益相关者形成了相互关联、相互作用的社会关系。通过加强非营利性组织的关系营销，能够确保非营利性组织机构获得更多的资源配置和自身发展。

中国大学生羽毛球锦标赛的赛事推广具有明显的非营利性属性，在市场经济活动中，营销活动与非营利性组织机构的类似，中国大学生羽毛球锦标赛的赛事推广也必须树立正确的市场导向、关系营销导向，与赛事活动重要的相关群体——中国大学生体育协会、高校、赞助方、新闻媒体、体育部门、教育部门等建立一种长期稳定、互惠互利、相互信赖、协同配合的工作关系，并以此获取可持续的市场竞争优势，即建立关系营销。在市场经济各类活动中，对关系营销的商业操作、学术研究都比较多。中国大学生羽毛球锦标赛的关系营销泛指用来建立、发展和维护中国大学生羽毛球锦标赛赛事市场活动成功关系所涉及的所有营销行为。中国大学生羽毛球锦标赛关系营销中的关系介质是用来引起消费客户对其与体育赛事卖方关系的注意和认知。基于特定环境中，某一特定关系介质的适用情况，需要对可能的影响因素进行综合，如关系满意度和关系质量等影响因素。中国大学生羽毛球锦标赛关系营销的关系满意度是一种体育消费者对赛事—消费关系的情感或感情状态，它能反映出体育消费者对赛事—消费关系的满意程度以及整个体育赛事消费过程中的满意程度。中国大学生羽毛球锦标赛关系营销的关系质量是对赛事—消费关系强度的综合评断，是一种拥有许多不同交易关系层级的多维构造。中国大学生羽毛球锦标赛关系营销可以产生更好的内在关系、市场关系,并能提高中国大学生羽毛球锦标赛的市场业绩水平,产业销量增长,利益分享,关系营销由策略、交易环境、关系质量、信任、承诺等因素决定了有效性差异。在学校体育赛事市场推广的背景条件下,理解学校体育非营利性属性的市场经济营销、运作机制、营销模型对中国大学生羽毛球锦标赛的赛事市场推广和商业实践具有非常重要的意义。

二、中国大学生羽毛球锦标赛关系营销模型的建立

1. 赛事关系营销模型的基础理论

关系营销的基本观点是 1985 年巴巴拉·本德·杰克逊提出来的,关系营销的概念主张认为在营销活动中,关系营销能在企业、消费者、分销商、供应商、竞争者、公众等整个营销相关利益者之间获得、建立并维持多方紧密、良好的长期关系,这种长期良好的关系也是关系营销的主要核心。经历了三四十年的发展,关系营销在学术研究、商业运作等方面都取得了进步和发展,企业进行营销实践时都会热衷于与消费客户、供应商、公众等建立良好的消费关系和公众关系,从而在市场份额、销售额和利润方面有较好的经营效果,以期将来有更好的营销关系和销售市场。关系营销能够强化企业与顾客之间的关联,建立企业与顾客的关联关系也是关系营销的基础。在企业与顾客的关联关系上,要体现企业与顾客是营销活动利益的共同体,在经济利益上企业与顾客形成互利、互动、互赢的紧密联系。关系营销中的企业与顾客之间的关联关系是相对于传统营销中企业与顾客利益对立、利益分割的非关联关系而言的。在关系营销的企业与顾客关联关系的前提下,更进一步提出企业与顾客之间的关系问题。关系营销强调企业与顾客之间关系的长期性,企业通过获取的

客户数据资料,进行针对性的客户管理和维护,通过客户维护与顾客建立良好的企业顾客关系,提高原始客户的企业忠诚度,稳定原始客户群体。关系营销还注重企业与顾客之间关系的发展和延伸,在原始客户的基础上可以通过原始的企业顾客关系挖掘出更多的潜在客户,发展新的客户群体,通过原始客户累积和新客户群体发展的方式壮大客户群体,从而在市场巩固、市场开拓上取得关系营销上的竞争优势。关系营销不仅关注企业与客户之间的关系问题,还关注全方位、多层次的利益相关方的关系,如企业与股东、消费者、职工、供应商、经销商、竞争者、社会、政府、媒体等的关系。企业与客户之间的关联营销、关系营销都需要企业、营销者对客户的需求变化、市场变化快速地做出营销反应、市场调整。营销反应快速、敏捷的企业能够比其他对手更快速地占领新市场,满足客户要求,在企业与客户间的关联营销、关系营销中能更好地巩固客户关系,有利于关联营销、关系营销的长期性、稳定性、全面性。在反应营销中企业要时刻面对变化迅速的市场,在关联营销和关系营销中时刻关注客户的产品评价、产品偏好、产品体验、产品感受、产品期望等产品消费需求,建立市场反应机制,高度回应客户需求,保持良好的产品—客户关联关系。关系营销中企业通过关联、关系、反应等市场行动获得稳定的客户群体、竞争优势,在激烈的市场竞争中可持续地发展,最终获得市场经济回报,具有长期盈利的市场能力。企业追求的市场经济回报是企业营销发展的经济动力和经济来源,是企业市场交易行为的巩固和发展。对于企业与客户交易主体来说,经济利益来往就是回报。企业从事营销活动,正确处理关联、关系、反应的市场行为,满足客户需求和其他相关主体的利益都是企业追求市场回报的出发点,也是落脚点。总的来说,关系营销是企业与市场各个主体建立长期友好的市场关系、市场消费的过程,使各个主体需求都得到基本满足,各方主体利益互利互赢,最终实现企业回报、稳定发展的目标。

关系营销是当前比较普遍的现代营销方式,从客户的需求出发,综合考虑客户和市场情况,是企业在日常营销中获得发展的关键。体育产业的关系营销主要涉及体育迷和客户两种体育产业的主体消费身份,体育产业可以很好地接受关系营销。体育产业营销引入关系营销理念的本质是满足社会、客户、体育等多方面的市场需求和发展需求。体育产业的关系营销以建立长期稳定的市场关系为目标,改善自身的市场产业缺陷,满足体育消费需求,调整产业结构,建立产业—客户关系,寻求自身的产业发展空间。体育产业关系营销是基于体育消费者的需求,吸引客户关注,达到保留客户的目的,提高客户消费忠诚度,控制营销成本,提高营销回报,并建立良好的营销环境,催化产业内部的组织结构重组,促进关系营销市场策略的开展。互联网的发展增加了体育产业的娱乐、休闲内涵,在现实的体育产业营销中,体育消费者有选择体育服务的能力,有可替代的体育活动或休闲内容,体育消费者的需求是必要的,这些都是体育产业关系营销的必备条件。体育产业消费、体育赛事消费是客户和产业品牌、体育赛事建立长期联系,体育消费欲望高程度卷入的市场现象。当前,我国大部分高校体育赛事的市场营销都还不完整,包括 CUBA 在内的高校赛事基本都是依靠赞助商策划组织,部分赛事基本没有市场营销,完全忽视观众需求,供需严重不平衡。中国大学生羽毛球锦标赛可以以关系营销理念为核心,解决赛事供需不平衡的问题,市场关系营销也遵循市场营销的基本规律,回归赛事本身。中国大学生羽毛球锦标赛要充分进行市场考察,紧抓营销本质,以观赛主体为赛事消费需求,调整营销重点和方案,将体育消费者的赛事关注努力转化为赛事保留,提高客户对中国大学生羽毛球锦标赛的赛事忠诚度,满足体育消费者和赛事球迷的需求,实现中国大学生羽毛球锦标赛市场营销的长远发展。

2. 赛事关系营销模型的建立

关系营销的改革创新点主要是从之前的企业利益核心转向消费者客户核心,客户需求是整个关系营销的出发点,满足客户需求是关系营销区别于传统营销的重点。中国大学生羽毛球锦标赛是在大学校园里进行的中国大学生的羽毛球大型赛事,赛事的很大一部分直接参与者都是和高校、教育、体育行业有着千丝万缕联系的群体,赛事要向下获取青少年群体的赛事关注,向上获取毕业大学生的赛事关注,横向获取社会群体的赛事关注。从赛事的整个社会氛围来看,观众大多文化素养高、有较好的教育背景,赛事可以利用网络平台扩大赛事的影响,吸引客户关注。高校的自身社会影响、中国大学生体育协会的赛事推广、中国大学生羽毛球锦标赛自身的赛事宣传等都可以从不同渠道、不同方面获取赛事的社会群体关注。获取客户关注是中国大学生羽毛球锦标赛关系营销的前期基础。赛事过程中的赛事服务、赛事品牌形象、赛事赞助等赛事开展关联主体能够对赛事进行社会传播,树立赛事的品牌形象,体现赛事的体育精神和文化内涵,扩大赛事的社会影响力,满足赛事消费者需求的同时能够挖掘潜在的客户关注和客户群体。赛事管理和赛事数据分析、市场数据分析可以基于数据呈现更客观的赛事分析,提供给赛事消费者更好的赛事消费。市场考量贯穿中国大学生羽毛球锦标赛的整个赛事过程中,赛事的市场推广和市场进展情况不断变化,市场考量要随时综合市场变化,始终以赛事消费群体的需求为核心,平衡赛事各方主体的利益,遵从非营利性组织机构的社会公益服务属性。在这些市场操作的基础上,多维度关注客户心理、客户需求,用多种类多方式的活动走进客户群体,保留长期的客户关注。基于此,建立图 8-1 所示的中国大学生羽毛球锦标赛关系营销模型,以关系营销的客户需求为核心,探索中国大学生羽毛球锦标赛市场营销的可实践性。

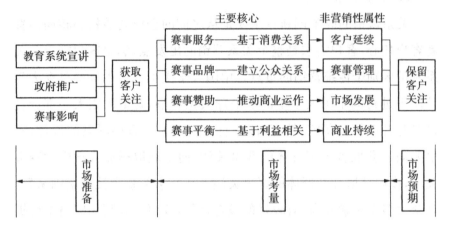

图 8-1　中国大学生羽毛球锦标赛关系营销模型

中国大学生羽毛球锦标赛关系营销模型从市场角度来看,分为前期的市场准备阶段、中期的市场考量与运营阶段、后期的市场预期实现阶段。每个阶段所包含的体系比较丰富,阶段与阶段之间有比较明显的前后联动效果关系。前期的市场准备阶段从横向、纵向的方位出发,挖掘潜在客户,同时考虑最大程度、最大范围地获取中国大学生羽毛球锦标赛的客户关注,可以为中国大学生羽毛球锦标赛提供比较好的前期基础。中期的市场考量与运营阶段存在大量协同联动与反馈调控,市场考量与实践运营之间的诸多内容和因素相互制约、相互影响。同时整个市场考量与实践运营都不能脱离中国大学生羽毛球锦标赛独特的非营销性属性、社会公益性属性。平衡、均衡,互助、互利多方主体关系,整体规划、协同发展是稳定市场、实现中国大学生羽毛球锦标赛赛事商业运作的核心环节。在前期的市场准备阶段、中期的市场考量与运营阶段的前者基础上,达到后期的市场预期实现。前期获取客户关注,中期提供客户服务,后期保留客户关注,建立中国大学生羽毛球锦标赛关系营销的市场推广运营的良性循环,形成中国大学生羽毛球锦标赛市场推广运营的赛事回路,持续、良性反馈给前期的市场准备阶段,建构一种比较稳定的、闭环结构的中国大学生羽毛球锦标赛赛事推广营销体系模型。

参 考 文 献

［1］陈海平,何姿颖.高校体育赛事市场开发研究[J].湖北函授大学学报,
2015,28(5):19-20.

［2］宋昱,史文逸,戴朝."十四五"时期我国体育赛事高质量发展路径审思[J].
南京体育学院学报,2021,20(9):1-8.

［3］张承仕.高校体育赛事市场化可行性浅论[J].当代体育科技,2018,8(33):
216-217.

［4］黄瑞苑,朱静华,丛林.高校体育品牌化产业化发展模式初探[J].山东体育
学院学报,2011,27(12):35-39.

［5］符合标.中国大学生羽毛球锦标赛商业化运作研究[D].长沙:湖南师范大
学,2013.

［6］陈颖.内蒙古学生(高校)体育协会发展研究[D].内蒙古师范大学,2021.

［7］杨桦,刘志国.体教融合:中国特色竞技体育后备人才培养模式转化与创新
[J].成都体育学院学报,2021,47(3):1-7.

［8］钟秉枢.体教融合背景下青少年体育赛事体系完善的路径研究[J].体育学
研究,2020,34(5):13-20.

［9］刘琴,陈赢.体育赛事资源的界定及其构成[J].上海体育学院学报,2008,
32(3):10-13.

［10］丁光斌.北京市高校体育赛事赞助现状调查及发展对策研究[D].北京:首
都体育学院,2012.

［11］刘琴,陈赢.体育赛事资源的界定及其构成[J].上海体育学院学报,2008,
32(3):10-13.

［12］钟秉枢,张建会,李海滨.新时代我国大学生体育竞赛体系的改革与创新
[J].北京体育大学学报,2022,45(7):19-31.

［13］张保华.职业体育服务业研究[M].北京:经济科学出版社,2009.

[14] 陈志辉,张宇,李兵,等.奥运会品牌管理经验及对我国体育赛事品牌创建的启示[J].体育与科学,2014,35(3):57-59.

[15] 熊欢.身体、社会与体育西方社会学理论视角下的体育[M].北京:当代中国出版社,2011.

[16] 马铁.新编体育经纪人[M].北京:中国经济出版社,2007.

[17] 谭建湘.体育经纪导论[M].北京:高等教育出版社,2015.

[18] 范佳音,高长虹.新编体育经纪人教程[M].成都:西南财经大学出版社,2017.

[19] 胡向东,杨亚涛.高校体育赛事的市场开发探析[J].牡丹江教育学院学报,2015,(2):131-132.

[20] 王鲁江.高校体育赛事企校合作的双赢策略构想[J].运动,2017(154):77-78.

[21] 李赟靖,李艳茹.承办大型体育赛事对城市体育文化发展影响研究:以西安市举办第十四届全运会为例[J].当代体育科技,2022,12(20):122-125.

[22] 张志刚.论体育赛事对城市发展的推动作用:评《城市体育战略》[J].现代城市研究,2022.

[23] 矫杰,杜放.我国高校体育赛事商业化运作的现实困惑与优化路径[J].山东体科技,2019,41(6):18-22.

[24] 贡建伟.高校竞技体育赛事品牌塑造[J].体育文化导刊,2008,102-104.

[25] 霍炎.高校体育赛事的市场开发探析[J].体育科技文献通报,2006,14(10):13-15.

[26] 柯伟.高校体育赛事市场化运作的策略[J].福建广播电视大学学报,2015(113):79-81.

[27] 贡建伟.高校竞技体育赛事品牌塑造[J].体育文化导刊,2008,102-104.

[28] 刘渝.我国高校体育赛事市场推广对策研究[J].当代体育科技,2017,7(21):67-68.

[29] 于洋.我国高校体育赛事市场推广对策研究[J].当代体育科技,2018,8(18):205-206.

[30] 第二十三届中国大学生羽毛球锦标赛竞赛规程[EB/OL].http://www.huhst.edu.cn/info/1260/48108.htm.

[31] 张宁飞.2002国际篮球产业论坛—CUBA篮球产业化的探索[J].四川体育科学,2004(4):3-11.

[32] 刘建刚.打造高校体育品牌赛事的思考[J].体育文化导刊,2004,49-50.

[33] 王永立.CUBA发展及其定位研究[J].体育科技文献通报,2011,19(2):37-38.

[34] 刘于溪,王茂.CUBA竞赛制度对中国大学生篮球的发展与影响研究[J].

体育世界,2019(6):86-87.

[35] 陈鹏程.影响 CUBA 中国大学生篮球联赛发展的若干问题及其对策建议[J].体育科技文献通报,2020,28(4):168-170.

[36] 邓振华.中国大学生篮球联赛赛事效益研究[J].无锡商业职业技术学院学报,2013,13(3):48-50.

[37] 刘超国.CUBA 培养高水平篮球运动员的机制与绩效[J].体育科研,2011,32(3):96-99.

[38] 王牡娣.对 CUBA 产业化的 SWOT 分析[J].体育科技文献通报,2011,19(8):5-7.

[39] 付鹏.大学生篮球联赛的市场开发与研究[J].当代体育科技,2017,7(13):254-256.

[40] 陈维维."互联网＋"背景下阿里体育运营 CUBA 联赛的 SWOT 分析研究[J].当代体育科技,2020,10(5):111-112.

[41] 蔡雯.新媒体视角下中国大学生排球联赛(CUVA)传播现状分析与对策研究[D].长沙:湖南师范大学,2021.

[42] 刘鹏,黄聪.2015 年大学生篮球赛事改革对 CUBA 竞争格局的影响—以第 18 届 CUBA 东南赛区男子组为例[J].河北体育学院学报,2017,31(4):65-71.

[43] 卞伯高,邓星华.NCAA 体育品牌建设路径探析[J].广州体育学院学报,2015,35(6):22-25.

[44] 刘敏.美国大学生体育联合会(NCAA)的基本特点研究[J].佳木斯教育学院学报,2012,9(119):377-379.

[45] 刘宁.CUBA 与 NCAA 篮球联赛保障体系的比较研究[J].智库时代,162-165.

[46] 顾建平,江育恒.中美大学体育联盟组织特征与运行机制的比较和借鉴[J].江西师范大学学报(哲学社会科学版),2019,52(6):181-188.

[47] 彭国强,舒盛芳.中美高校三大球竞赛体系特征的对比与分析[J].沈阳体育学院学报,2016,35(3):93-100.

[48] 孟祥钰,张娜.中国大学生排球联赛结构功能新"模式化"发展研究[J].辽宁师专学报(自然科学版),2019,21(2):40-44.

[49] 谭建湘,马铁.体育经纪导论[M].北京:中国经济出版社,2007.

[50] 汤伊乐,张永辉.创新型体育赛事营销人才培养环境的研究与思考[J].当代体育科技,2018,8(14):205-206.

[51] 王凯.体育产业高质量发展的人才需求与高校"产业、专业、创业"融合培养路径研究[J].南京体育学院学报,2020,19(6):1-10.